Ao Kurnugu, terra sem retorno

Ao Kurnugu, terra sem retorno

Descida de Ishtar ao mundo dos mortos

Tradução, introdução e estudo de
Jacyntho Lins Brandão

KOTTER EDITORIAL

Coordenação editorial: Sálvio Nienkötter
Editor-adjunto: Raul K. Souza
Projeto gráfico, editoração e capa: Bárbara Tanaka
Produção: Cristiane Nienkötter e Maria Luiza Carvalho

Dados Internacionais de Catalogação na Publicação (CIP). Angélica Ilacqua CRB-8/7057

Ao Kurnugu, terra sem retorno: Descida de Ishtar ao mundo dos mortos / Jacyntho Lins Brandão. -- Curitiba : Kotter Editorial, 2019.
208 p.

ISBN 978-65-80103-41-6

1. Poesia épica assírio-babilônica 2. Poesia épica sumeriana 3. Descida de Ishtar ao Mundo dos Mortos I. Brandão, Jacyntho Lins

CDD 892.1

19-1279

Texto adequado às novas regras do acordo ortográfico de 1990, em vigor no Brasil desde 2009.

Kotter Editorial
Rua das Cerejeiras, 194
CEP: 82700-510 - Curitiba/PR
Tel. + 55 41 3585-5161
www.kotter.com.br | contato@kotter.com.br

Feito o depósito legal
1ª edição
2019

A meu filho
Pedro Guadalupe dos Santos Lins Brandão,
em agradecimento pelos trinta e dois anos
de intensa (con)vivência

Sumário

Ao Kurnugu, terra sem retorno

9 **INTRODUÇÃO**

25 **ANA KURNUGÊ QAQQARI LA TÂRI**

41 **ISHTAR E O MUNDO DOS MORTOS**

43 UMA DEUSA INVASIVA

65 A DESCIDA DE INANA

73 OS OUVIDOS DE ISHTAR

83 A TERRA SEM RETORNO

99 AS PORTAS DO KURNUGU

105 A COR DO TAMARISCO

117 O DESNUDAMENTO DE ISHTAR

133 O PODER DE ERÉSHKIGAL

145 O PLANO DO CORAÇÃO DE EA

167 A ASCENSÃO DE ISHTAR

175 DÚMUZI

191 **REFERÊNCIAS**

INTRODUÇÃO

O poema conhecido hoje como *Descida de Ishtar ao mundo dos mortos*, cujo título em acádio são suas primeiras palavras, *Ao Kurnugu, terra sem retorno (Ana Kurnugê, qaqqari la târi)*[1], foi conservado em três manuscritos assírios cuneiformes, dois procedentes de Nínive, da biblioteca de Assurbanípal (685-627 a. C.), e o terceiro encontrado em Assur, todos tendo sido escritos na primeira metade do primeiro milênio antes de nossa era[2]. Da versão ninivita, a primeira edição em cuneiforme foi feita em 1873, por François Lenormant[3], e a edição *princeps* transliterada se deveu a Peter Jensen, tendo sido publicada em 1901[4]. Em 1917, Samuel Geller publica o fragmento de Assur[5]. Nova edição dos textos acádios, tanto em cuneiforme quanto transliterados, aparecerá só em 1963, sob a responsabilidade de Riekele Borger[6]. Mas foi somente em 2010 que veio à luz uma edição crítica do poema, preparada por Pirjo Lapinkivi[7].

---

1 É comum na tradição mesopotâmica, como também em outras culturas do Oriente Médio, que o título da obra sejam suas primeiras palavras. Apenas modernamente se costumou chamar o poema de *Descida de Ishtar*. Lapinkivi, *The Neo-Assyrian Mith of Ištar's Descent and Ressurection*, p. ix, esclarece que fugiu da tradição, dando ao poema o título de *Descida e Ressurreição de Ishtar* para chamar atenção para o fato de que "a descida da deusa não foi uma jornada de mão única, mas terminou com uma ascensão aos céus" (doravante, nas referências de pé-de-página, esta obra será citada apenas como *Ištar's Descent*).

2 Lapinkivi, *Ištar's Descent*, p. xi.

3 Lenormant, La descent d'Ištar aux Enfers, p. 100-105. A primeira página desta edição encontra-se reproduzida na figura 1.

4 Jensen, Ištars Höllenfahrt, p. 80-91.

5 Geller, Die Rezension von 'Ištars Höllenfahrt' aus Assur, p. 41-48, 66-72.

6 Borger, *Babylonische-assyrische Lesestücke*, Heft II, p. 86-93; Heft III, p. 56-59.

7 Lapinkivi, *Ištar's Descent*, volume 6 da coleção State Archives of Assyria Cuneiform Texts (SAACI), publicada pela Fondation for Finnish Assyriological Research.

Basta que se considerem essas datas para perceber quanto, mesmo sendo esta obra, já nos termos de Lenormant, "um dos mais importantes fragmentos de epopeia mitológica babilônica que chegaram até nós"[8], faz ela parte, conforme P. Talon, "desses textos literários ao mesmo tempo bem conhecidos e frequentemente interpretados", mas que impõem ainda muitos problemas[9]. A razão principal para essa dificuldade se encontraria no próprio poema, que suporia, da parte do leitor, o domínio de informações nem sempre fáceis de acessar. Assim, ele costuma ser considerado "elíptico", uma sorte de "resumo" ou "memorial", em que só "são retomados os episódios fundamentais e, mesmo assim, numa forma algumas vezes muito condensada"[10], formulados "ao ponto da incompreensão"[11], "a função de alguns episódios e a conexão entre eles sendo obscura"[12], ao que se acrescentaria o fato de que "muitos motivos mitológicos (ou mesmo sequências de tais motivos) foram misturados com maior ou menor sucesso"[13], os três episódios que o compõem sendo "abruptos, isolados, sem transição nem encaixe entre um e outro"[14], o que conduziria a "várias interpretações bastante divergentes, se não incompatíveis, de certos episódios cruciais da estória"[15], fazendo com que "as intenções profundas do poeta desapareçam quase que completamente sob a fabulação mítica"[16].

---

8 Lenormant, La descent d'Ištar aux Enfers, p. 100.

9 Talon, Le mythe de la Descente d'Ištar aux Enfers, p. 15.

10 Talon, Le mythe de la Descente d'Ištar aux Enfers, p. 15.

11 Maul, *kurgarrû* und *assinnu* und ihr Stand in der babylonischen Gesellschaft, p. 161.

12 Penglase, *Greek myths and Mesopotamia*, p. 23.

13 Oppenheim, Mesopotamian Mythology III, p. 137.

14 Kramer, *Le mariage sacré à Sumer et à Babylone*, p. 184, apud Loucas, La déesse de la prosperité dans les mythes mésopotamien et égéen de la descente aux Enfers, p. 233 (cf. Kramer, Cuneiform studies and the History of Literature).

15 Oppenheim, Mesopotamian Mythology III, p. 129-130.

16 Labat et al., *Les religions du Proche-Orient asiatique*, p. 258.

Apesar de tudo isso, trama é aparentemente simples. A deusa Ishtar decide baixar ao mundo dos mortos – o Kurnugu –, onde reina sua irmã Eréshkigal, ameaçando, no caso de ser impedida, pôr abaixo as portas daquele lugar e fazer com que os mortos subam à superfície da terra, devorando e superando, em número, os vivos[17]. Eréshkigal, à qual a visita da irmã transtorna profundamente, determina ao porteiro que a faça entrar, com a condição que se cumpram os ritos da Érsetu (outro nome da terra dos mortos)[18], o que implica que a deusa deve deixar, a cada uma das sete portas, um adereço, até que termina inteiramente nua. Eréshkigal envia-lhe então nada menos que sessenta doenças. Consequência disso é que, sobre a terra, o boi não mais cobre a vaca, o asno não emprenha mais a asna, nem o moço à moça. Entra então em ação Papsúkkal, "intendente dos grandes deuses", o qual, alertando para as consequências da descida de Ishtar, busca e recebe o auxílio do deus Ea: ele fabrica um *assinnu*, isto é, um prostituto, de nome Asúshu-námir, o qual encarrega de dirigir-se ao mundo subterrâneo para trazer de volta a deusa. Mesmo que Asúshu-námir termine amaldiçoado pela rainha do Kurnugu, esta ordena a Namtar, seu intendente, que borife Ishtar com a água da vida, o que provoca sua recuperação. Na ordem contrária de quando

17 Com relação aos nomes próprios acádios, a identificação das sílabas tônicas segue normas bem precisas (cf. Huehnergard, *A grammar of Akkadian*, p. 3-4), o que orienta a forma como os acentuo, conforme os usos do português: assim, Ishtar e Kurnugu, sendo palavras oxítonas (terminadas, respectivamente, em consoante e 'u'), não necessitam de acento gráfico algum, ao contrário de Eréshkigal e Érsetu, que são proparoxítonas, ou Papsúkkal e Asúshu-námir, paroxítonas (terminadas em consoante). No que diz respeito aos nomes próprios sumérios, uma língua de que se conhece mal o sistema fonológico, deixo-os sem nenhum acento, a não ser quando são correntes também em acádio, caso em que uso do critério anterior (Énlil, Dúmuzi). Observe-se, contudo, a hipótese levantada por Jagersma, *A descriptive grammar of Sumerian*, p. 65-66, de que todas as palavras nesta língua deveriam ser oxítonas.

18 *Erṣetu* é o termo acádio que denomina o mundo dos mortos bem como a própria superfície da terra, em oposição ao céu (*anu*).

desceu, a deusa passa pelas sete portas, retomando, em cada uma delas, suas vestes e seus adornos. Deve Ishtar, contudo, pagar um resgate por sua liberação, cabendo ao esposo dela moça, Dúmuzi, substituí-la na Érsetu, voltando à superfície apenas periodicamente.

Embora o enredo seja simples, a principal pergunta que insistentemente fazem os comentadores diz respeito à motivação de Ishtar ao descer ao Kurnugu. É provável que a importância de tal questão seja equivalente à improcedência de levantá-la. Como se constata ao fim, o que traz o poema é um relato certamente etiológico, cuja conclusão se encontra no "resgate" dado por Ishtar em troca de sua volta à superfície da terra: Dúmuzi (também chamado de Tammuz). Ora, ao longo do tempo e por vários lugares da antiga Mesopotâmia e do Oriente Médio esse deus se encontra relacionado com cultos e festividades dedicados aos mortos, o seu retorno ao mundo dos vivos, em geral no início do verão, sendo o dado principal de sua manifestação. Como esclarece Mark Cohen, tomando como referência as datas indicadas nos calendários mesopotâmicos para as festas dos mortos:

> os meses de verão, de junho a agosto, eram vistos como um período em que havia uma confluência entre os mundos de cima e de baixo. Isso é manifesto no fato de que o quinto mês era a época da festa ne-IZI-gar em Nípur (a *paternalia* em que os mortos retornavam para visitar os vivos), do culto da deusa do mundo subterrâneo Nínazu, em Ur, e da festa dos mortos ab-è, em Adab. Essa percepção dos meses de verão pode ser baseada na interpretação do ciclo agrícola. O grão – a chave da existência mesopotâmica – já fora colhido. Durante os meses de verão a palha permanecia imóvel no solo quente e seco. A semeadura, a infusão de nova vida à terra, não começará antes do outono. Portanto, há uma falta de vida na superfície, a conclusão de um ciclo de vida aguardando o início de um outro. Essa é a época do morto Dúmuzi e do moribundo Ba'al, divindades associadas com o grão.[19]

---

19 Cohen, *The cultic calendars of the ancient Near East*, p. 455.

Essa relação de Dúmuzi/Tammuz com o ciclo do ano fica patente pelo uso de seu nome justamente na denominação de alguns meses: assim, o décimo-segundo mês de um calendário de Umma, no período Ur III (2100-2000 a. C.), é chamado Dúmuzi, a mesma denominação sendo atribuída, em Gírsu, ao sexto mês, na mesma época. Em Mári, no início do segundo milênio, é no quarto mês que se celebra o culto de Dúmuzi, incluindo os lamentos de mulheres. No primeiro milênio, há também evidências das festas de Dúmuzi ("no mês de Dúmuzi, quando Ishtar faz o povo do país prantear Dúmuzi, seu amado"), incluindo a famosa visão do profeta Ezequiel, que vê as mulheres de Jerusalém chorando, no Templo, por Tammuz ("Conduziu-me então à entrada do portal do Templo de Iahweh, que dá para o norte, e eis ali as mulheres a chorar por Tamuz")[20]. Conforme Jacobsen, esse culto sobrevive ainda na época medieval, "quando, se diz, as mulheres de Harran celebravam um rito chamado 'o chocalho', em que pranteavam Ta'uz, isto é, Tammuz ou Dúmuzi"[21].

Dessa perspectiva, a chave para a compreensão do poema acádio parece estar nos versos que descrevem as consequências da descida de Ishtar, os quais se encontram no ponto mais central do texto:

> Após Ishtar, senhora minha, ao Kurnugu descer,
> À vaca o boi não cobria, o asno à asna não emprenhava,
> À moça, na rua, não emprenhava o moço:
> Dorme o moço em sua alcova,
> Dorme a moça só consigo.

Portanto, a descida da deusa implica o fim do ciclo de renovação da vida por meio da fecundação, ou seja, constitui uma espécie de

---

20 *Ezequiel* 8, 14 (tradução da Bíblia de Jerusalém).
21 Cohen, *The cultic calendars of the ancient Near East*, p. 477-481.

vitória da rainha da Érsetu, Eréshkigal, já que um dos traços mais marcantes dos mortos, em contraponto com os vivos, está na impossibilidade de procriar. Bottéro acrescenta ainda uma consequência disso que afeta os próprios deuses: considerando a função da humanidade enquanto produtora de alimentos não só para si mesma, como também para as divindades – uma ideia exposta com todo detalhamento, por exemplo, no poema chamado *Atrahasis (Supersábio)* –, o não retorno de Ishtar, que provocaria o desaparecimento da humanidade, corresponde a uma verdadeira perturbação cósmica. Tanto é assim que, constatada a situação descrita nos versos acima, é o intendente dos deuses, Papsúkkal, quem se apressa em buscar solução para o impasse, no interesse de seus pares.

Não é preciso que se diga, como se estivéssemos lidando com um enredo comum, o que motiva a descida da deusa. Os meses de infecundidade que a cada ano se repetem são mostra de que seu poder sofre uma interrupção cíclica, mas não definitiva, sendo o motivo disso que *Ao Kurnugu, terra sem retorno* ensina.

* * *

Este livro comporta uma tradução do poema, acompanhada do original acádio, de acordo com a edição mais recente, que é a de Pirjo Lapinkivi. Acrescenta-se a isso estudo em que procuro analisar o texto passo a passo, fornecendo não só informações relativas aos *realia*, à língua e à poética do texto, como também registrando e discutindo as interpretações mais relevantes de diferentes aspectos do mesmo.

Saliente-se que o objetivo do estudo – como compete a empreendimentos desse tipo – é enriquecer o entendimento e, por consequência, o prazer do texto, que permanece sempre não só o que há de mais importante, mas simplesmente o que há de importante (e ponto final!). Caberá, naturalmente, ao leitor verificar se essa meta foi alcançada. A forma como o livro se organiza, trazendo primeiro texto e tradução, em seguida o estudo – em que, inclusive, as partes de texto e tradução em análise se repetem, em nome da clareza e comodidade para quem lê –, pretende incentivar essa verificação, supondo-se que, depois do primeiro contato com *Ao Kurnugu, terra sem retorno*, o leitor interessado possa, vencidas as diferentes etapas do estudo, voltar ao poema em sua inteireza, experimentando se, de fato, houve ganho de compreensão e fruição.

Sobre a tradução, duas palavras: ela pretende, para dizer com brevidade, ser fiel ao texto o mais possível, o que implica atenção tanto ao sentido quanto ao estilo. O registro do acádio chamado de hínico-épico ou poético apresenta uma vantagem no caso da tradução para o português: uma vez que a ordem não-marcada dos termos da oração parece ser a mesma que a de nossa língua (Sujeito-Verbo-Objeto), o discurso poético tira efeitos da posposição do verbo (Sujeito-Objeto-Verbo), o que permite que, respeitando-se a ordenação dos termos em acádio, se chegue a efeitos similares em português.

O verso acádio não tem como critério o número de sílabas nem usa de rimas, mas isso não implica que não seja ritmado – o ritmo provindo da sucessão de sílabas tônicas e átonas. Em geral, quando apresenta uma dimensão padrão, divide-se ele em duas partes, ou seja, dois sintagmas, como no primeiro verso do poema:

ana Kurnugu / qaqqari la târi
ao Kurnugu / terra sem retorno.

Inserir, contudo, versos mais longos no texto – alguns chegando a ser quase prosaicos – constitui igualmente um recurso de estilo, o qual quebra a monotonia e, sobretudo, chama a atenção para passagens relevantes. Nesse sentido, atente-se para a dimensão bastante extensa dos versos do episódio em que se descreve como Ishtar, ao ingressar em cada uma das sete portas do Kurnugu, teve de deixar, em cada uma delas, um de seus atavios – por exemplo, o mais longo deles, verso 53:

hamšu bābu ušēribšīma / umtaṣṣi / ittabal šibbu aban alādi qablīša
À quinta entrada fê-la ingressar e, / levando-o, / tirou-lhe o cinto de pedras-de-parturição da cintura sua.

A extensão alongada e o ritmo consequentemente mais lento corresponderiam ao tom solene da cena, sendo apropriados a um verdadeiro ritual – como, aliás, o porteiro do mundo inferior assevera reiteradamente àquela que ingressa: "da senhora da Érsetu assim são os ritos". Isso pode ser contrastado, por exemplo, com a passagem em que Eréshkigal envia sobre Ishtar as sessenta doenças, a rapidez com que o faz sendo sugerida pela brevidade dos versos 70-74:

muruṣ īni ana īnīša	Doença de olhos nos olhos seus,
muruṣ ahi ana ahīša	Doença de braços nos braços seus,
muruṣ šēpī ana šēpīša	Doença de pés nos pés seus,
muruṣ libbi ana libbīša	Doença de coração no coração seu,
muruṣ qaqqadi ana qaqqadīša	Doença de cabeça na cabeça sua.

Como se pode perceber por esses poucos exemplos, o acádio é mais sintético que o português, não contando também com artigos, o que faz com que a tradução termine por ser sempre um tanto mais longa em termos do número de palavras. No primeiro verso acima, por exemplo, "doença de olhos" traduz literalmente *muruṣ īni*, o segundo termo (no nominativo, *īnu*) estando no genitivo, enquanto "nos olhos seus" segue também literalmente *ana īnīša*, em que a primeira palavra (*ana*) é a preposição 'em' e *īnīša* é, de novo, 'olhos' no genitivo (que é o caso que se usa após preposição), seguido do possessivo feminino (*ša*), 'dela'. Neste caso, a posposição do possessivo em português, que não é a ordem usual, visa a buscar, na tradução, um efeito similar ao da estrofe em acádio, em que todos os versos terminam com *ša*[22].

O exercício de traduzir constitui, como se sabe, um meio excelente de enfrentar as dificuldades que todo e qualquer texto impõe ao recebedor, sobretudo quando muito afastado no tempo de nós, como no presente caso. Arrolei no princípio as opiniões de estudiosos renomados sobre as – para usar um eufemismo – dificuldades que *Ao Kurnugu, terra sem retorno* apresenta. Quero declarar desde já que não acredito que elas decorram de imperfeições do próprio poema ou de inépcia de quem o compôs. Há algumas que devem ser debitadas a nossa ignorância, pois, se a assiriologia e a sumerologia avançaram muito, ainda resta muito por compreender. Muito menos posso concordar que se trate de um poema que só resume (ou distorce) seu antecedente em sumério que se convencionou chamar de *Descida de Inana*, mesmo que não haja dúvidas de que tece relações intertextuais com essa obra, como o faz com muitas outras, a exploração disso sendo um recurso bastante conhecido das poéticas acádias.

Em especial, não concordo que as dificuldades de *Ao Kurnugu, terra sem retorno* devam ser solucionadas reconduzindo-o à *Descida de Inana*, como muito comumente se faz, em vista do pressuposto de que há omissões ou subentendidos no texto acádio que só seu correlato sumério esclarece. Uma grande diferença, por exemplo, entre os dois, está no fato de que Inana, depois de descer ao 'kur', se torna um cadáver, logo pendurado num prego, o que não acontece com

22 O possessivo, em acádio, concorda com o possuidor, não com a coisa possuída.

Ishtar, mesmo que os comentadores reiteradamente repitam que ela morreu, por entenderem que se trata do mesmo "mito", atribuindo a falta de referência a isso no poema acádio a simples omissão, que deve ser sanada. Ora, neste caso, o que se lê é como, depois de ingressar no Kurnugu, Ishtar é acometida por sessenta doenças, estando em causa, portanto, não um entrecho de morte e ressurreição, mas sim de ocultamento e desocultamento. Este é um exemplo significativo, mas existem também outros. Em qualquer caso, acredito que lidar com aproximações intertextuais deve supor sempre o reconhecimento da inteireza e autonomia de *Ao Kurnugu, terra sem retorno*.

Foi essa postura que me moveu tanto na tradução quanto no estudo, levando a que percebesse o quanto este poema é primoroso em todos os aspectos. Muitas vezes ele foi tomado como simples registro de um "mito", não como autêntica composição poética, a atenção sendo posta inteiramente no enredo. O admirável, contudo, é como cada verso é apropriado para o que se narra, como se manejam com destreza os discursos diretos, introduzidos de modo variado, como se experimentam recursos de aceleração da narrativa – pela técnica que permite dizer o que acontecerá isso já sendo o que aconteceu – ou de dilação temporal – em geral pela repetição paralelística. Enfim, não posso deixar de sentir que se trata efetivamente de um produto de uma cultura refinada, a qual, quando o texto foi escrito, contava já com mais de dois milênios de tradição escrita.

Competência minimamente suficiente para transmitir essa admiração ao leitor é o que espero ter tido.

* * *

Enquanto este trabalho estava sendo escrito, meu filho mais novo, Pedro Guadalupe dos Santos Lins Brandão, na florescência de seus trinta e dois anos, foi atingido pela indesejada das gentes, perdendo a vida num acidente rodoviário. A ele fica dedicado este livro, com sua reflexão sobre a dura experiência da morte: tanto para os que se vão, quanto para os que ficam.

* * *

Cumpre enfim registrar meus agradecimentos à Universidade Federal de Minas Gerais, em especial a sua Faculdade de Letras, pelas condições propícias que provê para a realização de projetos como este. Ainda ao Conselho Nacional de Desenvolvimento Científico e Tecnológico – CNPq, pelo apoio a este trabalho, por meio de uma Bolsa de Produtividade em Pesquisa.

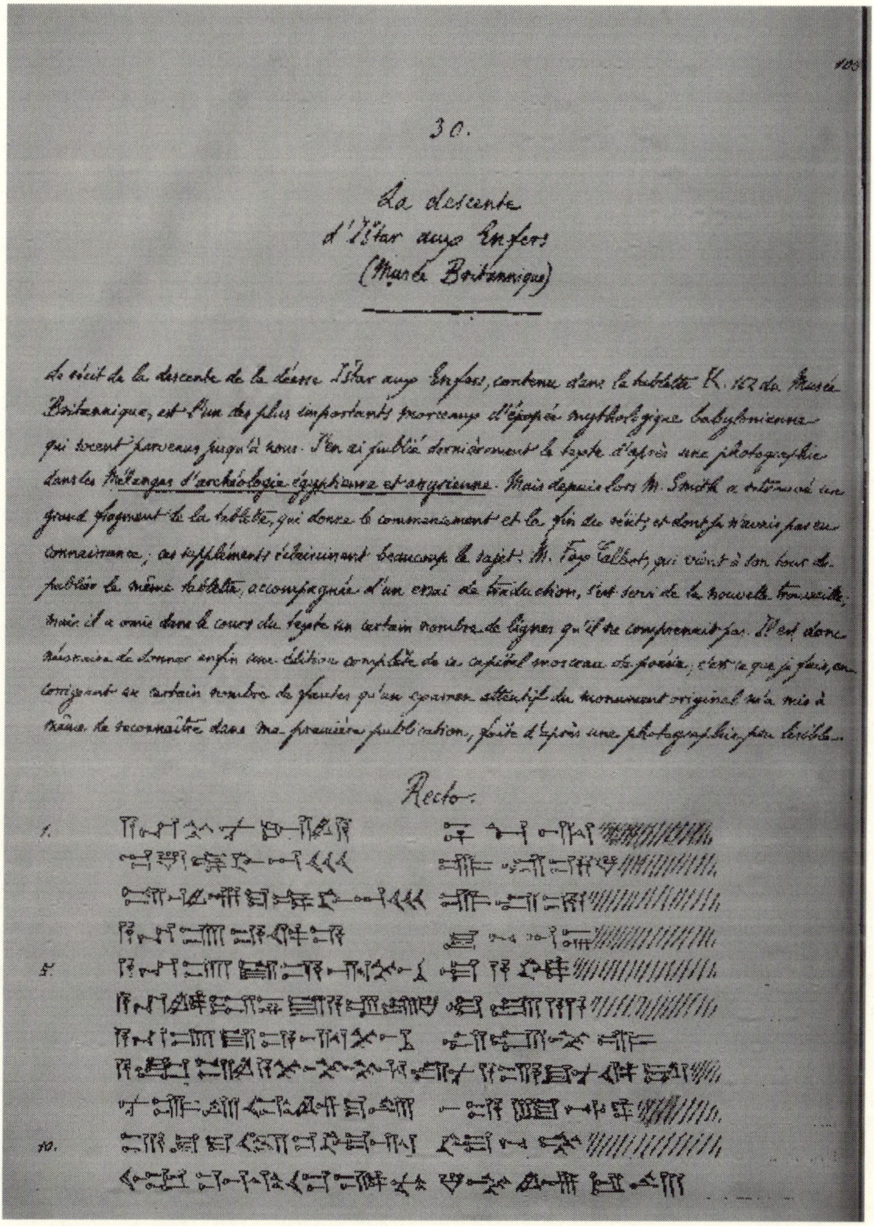
103

30.

La descente
d'Istar aux Enfers
(Musée Britannique)

Le récit de la descente de la déesse Istar aux Enfers, contenu dans la tablette K. 162 du Musée Britannique, est l'un des plus importants morceaux d'épopée mythologique babylonienne qui soient parvenus jusqu'à nous. J'en ai publié dernièrement le texte d'après une photographie dans les Mélanges d'archéologie égyptienne et assyrienne. Mais depuis lors M. Smith a retrouvé un grand fragment de la tablette, qui donne le commencement et la fin du récit, et dont je n'avais pas eu connaissance; ces suppléments éclaircissent beaucoup le sujet. M. Fox Talbot, qui vient à son tour de publier la même tablette, accompagnée d'un essai de traduction, s'est servi de la nouvelle trouvaille, mais il a omis dans le cours du texte un certain nombre de lignes qu'il ne comprenait pas. Il est donc nécessaire de donner enfin une édition complète de ce capital morceau de poésie; c'est ce que je fais, en corrigeant un certain nombre de fautes qu'un examen attentif du monument original m'a mis à même de reconnaître dans ma première publication, faite d'après une photographie peu lisible.

Recto.

1.

5.

10.

Figura 1: Primeira página da edição do texto por François Lenormant, 1873

ANA KURNUGÊ QAQQARI LA TÂRI

[1] ana kurnugê qaqqari lā târi
Ištar mārat Sîn uzunša iškun
iškunma mārat Sîn uzunša

[4] ana bīti eṭê šubat Irkalla
ana bīti ša ēribūšu lā aṣû
ana harrāni ša alaktaša lā tajārat

[7] ana bīti ša eribūšu zummû nūra
ašar epru bubūssunu akalšunu ṭiddu
nūra ul immarū ina eṭûti ašbū

[10] labšūma kīma iṣṣūri ṣubāt gappi
el dalti u sikkūri šabuh epru
[11a] el talli šuharrātu tabkat

[12] ana bāb kurnugê ina kašādīša
[12a] pîšu īpūšu iqabbi
ana atî bābi amātu izzakkar:

[14] atûmê pitâ bābka
pitâ bābkama lūruba anāku

[16] šumma lā tapattâ bābu lā erruba anāku
amahhaṣ daltum sikkūru ašabbir
amahhaṣ sippūma ušbalalkat dalāti

[18a] ašabbir gišrinnamma ašahhaṭ karra
ušellâ mītūti ikkalū balṭūti
el balṭūti ima''idū mītūti

[1] Ao Kurnugu, terra sem retorno,
Ishtar, filha de Sin, seus ouvidos voltou,
E voltou, a filha de Sin, seus ouvidos

[4] À casa trevosa, sede de Irkalla,
À casa onde quem ingressa não sai,
À trilha aonde quem vai não volta,

[7] À casa onde quem ingressa é privado de luz,
Em que seu sustento é pó, seu manjar é barro,
Luz não podem ver, na escuridão habitam,

[10] Seus trajes, como de pássaros, vestimentas de penas,
Sobre a porta e o ferrolho camadas de pó,
Sobre a viga silêncio se derrama.

[12] À entrada do Kurnugu quando chegou,
[12a] Sua boca abriu para falar,
Ao guardião da entrada estas palavras disse:

[14] Guardião, eia!, abre tua entrada,
Abre tua entrada e ingresse eu!

[16] Se não abres a entrada, não ingresso eu,
Golpearei a porta, os ferrolhos quebrarei,
Golpearei o batente e removerei as portas,

[18a] Quebrarei o umbral e arrancarei a tranca
E subirei os mortos para comer os vivos:
Aos vivos superar farei os mortos!

[21] atû pâšu īpušma iqabbi
izzakkara ana rabīti Ištar:

[23] iziz bēltī lā tanaddaašši
lullik zikirki lušanni ana šarrati Ereškīgal.

[25] ērumma atû izzakkara ana Ereškīgal:
annītumê ahātki Ištar izzaz ina bābi
mukiltu ša keppê rabûti dālihat Apsî mahar Ea abīša

[28] Ereškīgal annīta ina šemîša
kīma nikis bīni ēriqū pānūša
kīma šapat kunīnni iṣlimā šaptāša

[31] minâ libbaša ublanni minâ kabtassa ušperdânnīma
annītumê anāku itti Anunnakī mê ašatti
kīma akli akkal ṭiddu kīma šikāri ašatti mê

[34] lubki ana eṭlūti ša ēzibū hīrēti
lubki ana ardāti ša ultu sūn hā'irīšina šallupāni
u ana šerri lakê lubki ša ina lā ūmīšu ṭardu

[37] alik atû pitašši bābka
uppissima kīma parṣī labirūti

[39] illik atû iptašši bāba:
erbī bēltī Kutû lirīški
ekal kurnugê lihdu ina pānīki

[21] O guardião abriu a boca para falar,
Disse à majestosa Ishtar:

[23] Fica aqui, senhora minha, não derrubes!
Vá eu, teus ditos repita à rainha Eréshkigal.

[25] E ingressou o guardião, disse a Eréshkigal:
Eis: tua irmã Ishtar está na entrada,
A detentora da grande corda, perturbadora do Apsu defronte de Ea, seu pai.

[28] Eréshkigal isso quando ouviu,
Como tamarisco colhido empalideceu-lhe a face,
Como os lábios de uma terrina escureceram-lhe os lábios:

[31] Por que seu coração trouxe a mim e por que suas entranhas perturbou por mim?
Eis: eu com os Anunnákki água bebo!
Por comida: manjar de barro! por cerveja: água turva!

[34] Chore eu os moços que deixaram as esposas!
Chore eu as moças que do regaço de seus maridos foram arrancadas!
E a criança de peito chore eu, que não em seu dia foi despachada!

[37] Vai, guardião, abre-lhe tua entrada!
E faze como nos ritos antigos.

[39] Foi o guardião, abriu-lhe sua entrada:
Ingressa, senhora minha, Kutu te alegre!
O palácio do Kurnugu regozije em face de ti!

[42] ištēn bābu ušēribšīma umtaṣṣi ittabal agâ rabâ ša qaqqadīša
ammīni atû tatbal agâ rabâ ša qaqqadīja
erbī bēltī ša Bēlet erṣeti kīam parṣīša.

[45] šanâ bābu ušēribšīma umtaṣṣi ittabal inṣabāte ša uznīša
ammīni atû tatbal inṣabāte ša uznīja
erbī bēltī ša Bēlet erṣeti kīam parṣīša.

[48] šalšu bābu ušēribšīma umtaṣṣi ittabal erimmāti ša kišādīša
ammīni atû tatbal erimmāti ša kišādija
erbī bēltī ša Bēlet erṣeti kīam parṣīša

[51] rebû bābu ušēribšīma umtaṣṣi ittabal dudinnāte ša irtīša
ammīni atû tatbal dudinnāte ša irtīja
erbī bēltī ša Bēlet erṣeti kīam parṣīša

[54] hamšu bābu ušēribšīma umtaṣṣi ittabal šibbu aban alādi qablīša
ammīni atû tatbal šibbu aban alādi ša qablīja
erbī bēltī ša Bēlet erṣeti kīam parṣīša

[57] šeššu bābu ušēribšīma umtaṣṣi ittabal šemer qātīša u šēpīša
ammīni atû tatbal šemer qātīja u šēpīja
erbī bēltī ša Bēlet erṣeti kīam parṣīša

[42] À primeira entrada fê-la ingressar e, levando-a, tirou-lhe a grande coroa da cabeça sua:
Por que, guardião, tiraste a grande coroa da cabeça minha?
Ingressa, senhora minha, da senhora da Érsetu assim são os ritos.

[45] À segunda entrada fê-la ingressar e, levando-os, tirou-lhe os brincos das orelhas suas:
Por que, guardião, tiraste os brincos das orelhas minhas?
Ingressa, senhora minha, da senhora da Érsetu assim são os ritos.

[48] À terceira entrada fê-la ingressar e, levando-as, tirou-lhe as pedras preciosas do pescoço seu:
Por que, guardião, tiraste as pedras preciosas do pescoço meu?
Ingressa, senhora minha, da senhora da Érsetu assim são os ritos.

[51] À quarta entrada fê-la ingressar e, levando-os, tirou-lhe os broches do peito seu:
Por que, guardião, tiraste os broches do peito meu?
Ingressa, senhora minha, da senhora da Érsetu assim são os ritos.

[54] À quinta entrada fê-la ingressar e, levando-o, tirou-lhe o cinto de pedras-de-parturição da cintura sua:
Por que, guardião, tiraste o cinto de pedras-de-parturição da cintura minha?
Ingressa, senhora minha, da senhora da Érsetu assim são os ritos.

[57] À sexta entrada fê-la ingressar e, levando-as, tirou-lhe as correntinhas das mãos e pés seus:
Por que, guardião, tiraste as correntinhas das mãos e pés meus?
Ingressa, senhora minha, da senhora da Érsetu assim são os ritos.

[60] sebû bābu ušēribšīma umtaṣṣi ittabal ṣubāt bālti ša zumrīša
ammīni atû tatbal ṣubāt bālti ša zumrīja
erbī bēltī ša Bēlet erṣeti kīam parṣīša

[63] ištu ullânumma Ištar ana kurnugê ūridu
Ereškīgal īmuršima ina pānīša irūb
Ištar ul immalik elēnušša ušbi

[66] Ereškīgal pâša īpušma iqabbi
ana Namtār sukkallīša amātu izzakkar:
alik Namtār liqašši ultu pānījāma

[69] šūṣašši šūši murṣī lishupū Ištar
muruṣ īni ana īnīša
muruṣ ahi ana ahīša

[72] muruṣ šēpī ana šēpīša
muruṣ libbi ana libbīša
muruṣ qaqqadi ana qaqqadīša
ana šâša gabbīšāma ana ----[1]

[76] arki Ištar bēltī ana kurnugê ūridu
ana būrti alpu ul išahhiṭ imēru atāna ul ušāra
ardatu ina sūqi ul ušārra eṭlu

[79] ittīl eṭlu ina kummīšu
ittīl ardatu ina ahīša

1 Utilizo o tracejado ---- para indicar lacunas nos textos cuneiformes.

[60] À sétima entrada fê-la ingressar e, levando-a, tirou-lhe a venerável veste do corpo seu:
Por que, guardião, tiraste a venerável veste do corpo meu?
Ingressa, senhora minha, da senhora da Érsetu assim são os ritos.

[63] E tão logo Ishtar ao Kurnugu desceu,
Eréshkigal viu-a e em face dela tremeu.
Ishtar, sem ponderar, acima dela sentou.

[66] Eréshkigal a boca abriu para falar,
A Namtar, seu intendente, estas palavras disse:
Vai, Namtar, afasta-a de minha face!

[69] Solta sessenta doenças para oprimir Ishtar:
Doença de olhos nos olhos seus,
Doença de braços nos braços seus,

[72] Doença de pés nos pés seus,
Doença de coração no coração seu,
Doença de cabeça na cabeça sua,
Nela toda inteira, nela ----[1]

[76] Após Ishtar, senhora minha, ao Kurnugu descer,
À vaca o boi não cobria, o asno à asna não emprenhava,
À moça, na rua, não emprenhava o moço:

[79] Dorme o moço em sua alcova,
Dorme a moça só consigo.

---

1 Utilizo o tracejado ---- para indicar lacunas nos textos cuneiformes.

[81] Papsukkal sukkal ilāni rabûti quddud appašu
karru labiš malê nāši
illik anhiš ina pān Sîn abīšu ibakki
ina pān Ea šarri illakā dimāšu:

[85] Ištar ana erṣeti ūrid ul īlâ
ultu ullânumma Ištar ana kurnugê ūridu
ana būrti alpu ul išahhiṭ imēru atānu ul ušārra

[88] ardatu ina sūqi ul ušārra eṭlu
ittīl eṭlu ina kummīšu
ittīl ardatum ina ahīša

[91] Ea ina emqi libbīšu ibtani zikru
ibnīma Aṣûšu-namir assinnu:

[93] alka Aṣûšu-namir ina bāb kurnugê šukun pānīka
sebet bābī kurnugê lippetû ina pānīka
Ereškīgal līmurkāma ina pānīka lihdu

[96] ultu libbaša inūhhu kabtassa ippereddû
tummešīma nīš ilāni rabûti
šuqqi rēšīka ana halziqqi uzna šukun:

[99] ē bēltī halziqqu lidnūni mê ina libbi lultatti

[100] Ereškīgal annīta ina šemîša
tamhaṣ pēnša taššuka ubānša:

[81] Papsúkkal, intendente dos grandes deuses, baixou o nariz,
De luto vestiu-se, desgrenhado se pôs,
Veio cansado, em face de Sin, seu pai, chorava,
Em face de Ea, o rei, vinham-lhe as lágrimas:

[85] Ishtar à Érsetu desceu, não voltou,
E tão logo Ishtar ao Kurnugu desceu,
À vaca o boi não cobre, o asno à asna não emprenha,

[88] À moça, na rua, não emprenha o moço:
Dorme o moço em sua alcova,
Dorme a moça só consigo.

[91] Ea, em seu sábio coração, concebeu um plano
E criou Asúshu-Námir, um prostituto:

[93] Vai, Asúshu-Námir, para a entrada do Kurnugu volta tua face,
As sete entradas do Kurnugu se abram à tua face!
Eréshkigal te veja e à tua face regozije:

[96] Quando o coração dela se acalma, suas entranhas abrandam,
Conjura-a pelos grandes deuses,
Levanta a cabeça, para o odre os ouvidos volta:

[99] Ó senhora minha, o odre me deem, água de seu coração eu beba!

[100] Eréshkigal, quando isso ouviu,
Bateu na coxa e mordeu o dedo:

[102] tēteršanni erištu ša lā erēši
alka Aṣûšu-namir luzzirka izra rabâ:

[104] akli epinnēt āli lū akalka
habannāt āli lū maltītka
ṣillī dūri lū manzāzūka

[107] askuppātu lū mušabūka
šakru u ṣamû limhaṣū lētka

[109] Ereškīgal pâša īpušma iqabbi
ana Namtār sukkallīša amāta izzakkar:

[111] alik Namtār mahaṣ ekalla kīna
askuppāti za'ina ša ijerēte
Anunnakī šūṣâ ina kussî hurāṣi šūšib
Ištār mê balāṭi suluhšīma liqašši ina mahrīja

[115] illik Namtār imhaṣ ekalla kīna
askuppāti uza''ina ša ijerēte
Anunnakī ušēṣâ ina kussî hurāṣi ušēšib
Ištār mê balāṭi isluhšīma ilqâšši ana pānīšaš

[118a] [mā alikma Namtār Ištar liqišima]
[118b] [šumma ipṭiriša la iddanaka tirraši]
[118c] [ilqišima Namtār ana bābī][2]

2 Esses três versos se encontram no manuscrito de Assur, mas não no de Nínive.

[102] Fizeste-me um pedido que não devias,
Vem, Asúshu-Námir, amaldiçoar-te-ei com grande maldição:

[104] Pão do arado da cidade seja tua comida,
O esgoto da cidade, teu vaso de bebida,
A sombra da muralha seja o teu posto,

[107] A soleira da porta, o teu domicílio,
O bêbado e o sedento batam-te a face!

[109] Eréshkigal abriu a boca para falar,
A Namtar, seu intendente, estas palavras disse:

[111] Vai, Namtar, bate em Egalgina,
As soleiras decora com corais,
Os Anunnákki traze, em tronos de ouro senta-os,
Ishtar com água da vida asperge e põe-na a mim defronte.

[115] Foi Namtar, bateu em Egalgina,
As soleiras decorou com corais,
Os Anunnákki trouxe, em tronos de ouro sentou-os,
Ishtar com água da vida aspergiu e pô-la a ela defronte.

[118a] [E agora, vai, Namtar, e Ishtar leva,]
[118b] [Se de seu resgate não te der quitação, trá-la de volta!]
[118c] [E levou-a Namtar às entradas.][2]

---

2 Esses três versos se encontram no manuscrito de Assur, mas não nos de Nínive.

[119] ištēn bābu ušēṣišīma uttērši ṣubāt balti ša zumrīša
šanâ bābu ušēṣišīma uttērši šemer qātīša u šēpīša
šalšu bābu ušēṣišīma uttērši šibbu aban alādi ša qablīša

[122] rebû bābu ušēṣišīma uttērši dudināte ša irtīša
hamšu bābu ušēṣišīma uttērši erimmāti ša kišādīša
šeššu bābu ušēṣišīma uttērši inṣabāte ša uznīša
sebû bābu ušēṣišīma uttērši agû rabâ ša qaqqadīša

[126] šumma napṭirīša lā taddinakkama ana šâšāma terrašši

[127] ana Dumūzi hāmir ṣehrūtīša
mê ellūti rammik šamna ṭāba puššiš
ṣubāta huššâ lubbissu malīl uqnî
šamhāte lin''â kabtassu

[131] ---- Belili šukuttaša ušaqqâ
īnāte malâ birkāša
ikkil ahīša tašme tamhaṣ Belili šukutta ša zumrīša
īnātēša undallâ pān litte

[135] ahī ēdu lā tahabbilanni

[136] ina ūmē Dumūzi ellanni malīl uqnî šemer sāmti
ittīšu ellanni bakkā'ū u bakkāiātu
mītūtu līlûnimma qutrinna liṣṣinû

[139] ēkal Aššūr-bāni-apli šar kiššati šar māt Aššur

[119] À primeira entrada fê-la sair e devolveu-lhe a venerável veste do corpo seu;
À segunda entrada fê-la sair e devolveu-lhe as correntinhas dos braços e pernas seus;
À terceira entrada fê-la sair e devolveu-lhe o cinto de pedras-de-parturição da cintura sua;

[122] À quarta entrada fê-la sair e devolveu-lhe os broches do peito seu;
À quinta entrada fê-la sair e devolveu-lhe as pedras preciosas do pescoço seu;
À sexta entrada fê-la sair e devolveu-lhe os brincos das orelhas suas;
À sétima entrada fê-la sair e devolveu-lhe a grande coroa da cabeça sua.

[126] Se de seu resgate não deres quitação a ela própria, trá-la de volta!

[127] A Dúmuzi, esposo dela moça
Com água pura lava, com suave óleo unge,
Roupa vermelha veste-lhe, flauta de lápis-lazúli,
Meretrizes entretenham-lhe a mente!

[131] ---- Belíli suas joias arrancou,
De pedras preciosas pleno seu regaço.
O grito do irmão ouviu, bateu Belíli nas joias de seu corpo,
De suas pedras preciosas plena a face da vaca:

[135] Do irmão único não me prives!

[136] No dia que Dúmuzi para mim suba – e a flauta de lápis-lazúli, o anel de cornalina –
Com ele para mim subam carpideiros e carpideiras,
Os mortos subam e o incenso aspirem!

[139] Palácio de Assurbanípal, rei do mundo, rei da terra da Assíria.

ISHTAR E O MUNDO DOS MORTOS

I

UMA DEUSA INVASIVA

Não é incompatível com Ishtar (e sua correspondente suméria, Inana) uma ação inesperada e surpreendente como se apresenta em *Ao Kurnugu, terra sem retorno*. Jean Bottéro e Samuel Noah Kramer atribuem isso ao ser ela o "produto verossímil de uma fusão arcaica de muitas divindades diferentes, dentre as quais uma belicosa e quase viril, de origem provavelmente semítica", a que em acádio recebe o nome de Ishtar, "outra, suméria, ultra-feminina e padroeira do amor livre", cujo nome é Inana, a que se acrescenta "uma terceira (?), mais ou menos relacionada com o planeta que chamamos de Vênus" — e seria justamente esse caráter misto que faria com que ela oferecesse "generosamente à imaginação mitopoética uma personalidade transbordante"[1]. Sem negar que se trata de uma figura extraordinária, Iwo Slobodzianek mostra-se cético com relação à interpretação fundada no sincretismo de várias divindades arcaicas: "Designada em sumério como Inana, em acádio como Ishtar, trata-se contudo da mesma deusa, cujo nome é transcrito principalmente em cuneiforme pelo signo $MUŠ_3$[2], paralelamente a algumas grafias fonéticas", a par de sua representação, "desde a glíptica de Úruk do fim do quarto milênio", por "um fuste ou uma rosácea"[3].

Independentemente do que se possa inferir em termos da pré-história de uma tal divindade e do que isso possa significar para o

---

1 Bottéro, Kramer, *Lorsque les dieux faisaient l'homme*, p. 203.

2 A escrita cuneiforme utiliza logogramas e fonogramas, os primeiros sendo transliterados com caracteres maiúsculos, como neste caso.

3 Slobodzianek, *Acquérir, exprimer et transmettre les "pouvoirs" divins*, p. 20.

entendimento de sua "personalidade transbordante", cumpre ressaltar que, da mesma forma que Júpiter, Juno e Vênus não se pode dizer que se reduzam simplesmente a Zeus, Hera e Afrodite — pelo simples fato de que se dizem em línguas, espaços e temporalidades diferentes, ainda quando compartilhem a mesma zona de convergência cultural —, assim também acontece com as divindades acádias e sumérias, com relação às quais ser o mesmo não equivale a pura indiferenciação. Entenda-se bem: se Inana e Ishtar confluem numa mesma divindade, o que é em parte admissível, não se apresentam de modo absolutamente idêntico nos textos em que comparecem, como chamarei — constantemente — a atenção na análise do poema. Entretanto, não se pode considerar uma sem a outra, pois isso implicaria descurar justamente o processo de conflução historicamente documentado entre ambas.

De Inana/Ishtar se reconhecem nada menos que quinze grandes santuários, dos quais sete são citados no poema sumério conhecido como *Descida de Inana ao mundo inferior*: segundo o texto, antes de empreender a viagem ao mundo dos mortos, a deusa deixou, sucessivamente, o seu templo de nome Eanna, em Úruk; o Emushkalama, em Badtibira; o Giguna, em Zabalam; o Esharra, em Adab; o Baradurgara, em Nípur; o Hursagkalama, em Kish; o Eulmash, em Akkad[4] — a esses acrescentando-se, numa outra variante do poema, mais oito templos, em Umma, Ur, Kisiga, Girsu, Isin, Akshak, Shurúppak e Kazallu[5]. Sendo tão amplamente venerada, ela era considerada verdadeira soberana e, no caso da deusa acádia — e só dela —, seu nome servia, "paralelamente a *iltu*, feminino de *ilu*, 'deus', para designar toda deusa enquanto tal", ou seja, *ištar*, como substantivo comum, designa "toda representante da espécie 'deus' — e, no correr das idades, ela absorveu mais ou menos todas as deusas em sua

4 *Descida de Inana*, v. 7-13.
5 Cf. Bottéro, Kramer, *Lorsque les dieux faisaient l'homme*, p. 290.

rica e exuberante individualidade, como se cada uma, em suma, não fizesse mais que representá-la a seu modo". É por isso que se pode considerar como um traço fundamental de Inana/Ishtar — resumem Bottéro e Kramer — seu caráter "invasivo"[6].

O dossiê publicado por esses dois estudiosos, com poemas sumérios e acádios sobre a deusa (que soma 134 páginas!), distingue um ciclo em que ela se apresenta como guerreira ou "marcial" (nos chamados *Poema de Agushaya* e *Vitória de Inana contra o Ebih*), ao lado de outro em que encontramos a deusa "voluptuosa" (*Inana e Enki*, *Inana e Shukaletuda*, *Descida de Inana ao mundo dos mortos*, *O sonho de Dúmuzi e sua morte*, *Lamento de Inana pela morte de Dúmuzi*, *Descida de Ishtar ao mundo dos mortos*, *Inana e Bilulu*)[7]. Neste último ciclo incluem eles ainda a tabuinha 6 de *Ele que o abismo viu* (a versão clássica da chamada epopeia de Gilgámesh), nomeadamente o trecho em que o protagonista resume o destino dos amantes de Ishtar, cujo assédio ele acaba de repudiar de modo violento:

Qual esposo teu resistiu para sempre?
Qual valente teu aos céus subiu?
Vem, deixa-me contar teus amantes:

Aquele da oferenda — seu braço,
A Dúmuzi, o esposo de ti moça,
Ano a ano chorar sem termo deste;

6 Bottéro, Kramer, *Lorsque les dieux faisaient l'homme*, p. 203.

7 Bottéro, Kramer, *Lorsque les dieux faisaient l'homme*, p. 203-337. Os títulos referidos são os adotados nessa obra.

Ao colorido rolieiro amaste,[8]
Nele bateste e lhe quebraste a asa:
Agora fica na floresta a piar: asaminha!;

Amaste o leão, cheio de força:
Cavaste-lhe sete mais sete covas;[9]

Amaste o cavalo, leal na refrega:[10]
Chicote com esporas e açoite lhe deste,
Sete léguas correr lhe deste,
Sujar a água e bebê-la lhe deste,
E a sua mãe Silíli chorar lhe deste;[11]

Amaste o pastor, o vaqueiro, o capataz,
Que sempre brasas para ti amontoava,[12]

---

8 O nome do pássaro em acádio é *allallu*, não se sabendo com segurança qual seja. Conforme a documentação antiga, trata-se de ave migratória, que usualmente não se vê no mês de Addaru (o décimo segundo mês do calendário babilônico), tem uma aparência multicolorida, asa característica e um grito interpretado como *kappī* ("minha asa") — a presença dele aqui e a referência a seu grito podendo ser entendida, portanto, como etiológica. Com base nisso, Thompson propôs sua identificação com o rolieiro, da família de aves coraciformes, muito comum na Europa, África e Oriente Médio (cf. *The Assyrian Dictionary of the Oriental Institute of the University of Chicago*, doravante citado como CAD, s.v.; este é também o entendimento de Tigay, *The evolution of the Gilgamesh epic*, p. 135, que traduz *al-la-la* por *'roller bird'*).

9 Parece que a referência é ao risco que corre o leão de cair nas armadilhas de caçadores.

10 Encontram-se em outros textos referências às relações de Inana/Ishtar com o cavalo. Assim, na *Disputa entre a ovelha e o grão*, v. 144-145, afirma-se que "tu, como a sagrada Inana, amaste o cavalo"; no *Hino a Ninegal* se diz da deusa: "quando compartilhaste o leito com o cavalo". George, *The Babylonian Gilgamesh Epic*, p. 473, é enfático, considerando que a razão para isso pode ser "irreverente": "de todos os animais, um garanhão ereto parece o mais bem equipado ao serviço da deusa do amor sexual".

11 Não existem outras referências a essa personagem, Silíli, que aqui aparece como a mãe do cavalo.

12 O termo *tumru* significa 'carvão', 'brasa', e o CAD, s. v., traduz o verso por "who always made piles of embers to you (for roasting lamb)". Todavia, *tumru*, no genitivo, como acontece no texto, é usado na expressão *akal tumri* ou *kamān tumri*, 'pão (assado) em brasa', que parece ser a opção correta neste caso.

Todo dia te matava cabritinhas:
Nele bateste e em lobo o mudaste,
Expulsam-no seus próprios ajudantes
E seus cães a coxa lhe mordem;

Amaste Ishullánu, jardineiro de teu pai,
Que sempre cesto de tâmaras te trazia,
Todo dia tua mesa abrilhantava,
A ele o olho lançaste e a ele foste:

Ishullánu meu, tua força testemos,
Tua mão levanta e abre nossa vulva!

Ishullánu te disse:
Eu? Que queres de mim?
Minha mãe não assou? Eu não comi?
Sou alguém que come pão de afronta e maldição,
Alguém de quem no inverno a relva é o abrigo?

Ouviste o que ele te disse,
Nele bateste e em sapo o mudaste,[13]
Puseste-o no meio do jardim,
Não pode subir a ---, não pode mover-se a ---.

E queres amar-me e como a eles mudar-me! (6, 42-79)[14]

É significativo que Inana/Ishtar demonstre relações estreitas com os deuses mais importantes do panteão mesopotâmico, em especial com a tríade principal: An/Ánu — o Céu, deus supremo, em alguns textos tido como seu pai —; Énlil, que tem o domínio da terra; e o

13 O termo *dallalu* ou *dallālu* é um *hápax legómenon*, cuja significação é desconhecida. O CAD traduz por 'rã' ou 'sapo'. Para um panorama das várias propostas, George, *The Babylonian Gilgamesh epic*, p. 838.

14 *Ele que o abismo viu*, p. 83-84, cf. a tradução de minha autoria, publicada em BRANDÃO, *Ele que o abismo viu*, p. 45-135.

sábio Enki/Ea, senhor do Apsu – isto é, do abismo de água doce situado abaixo da superfície da terra, donde provêm fontes e rios. Todos esses deuses dispõem do que podemos entender como 'poderes' — em sumério 'me'[15] —, mas sua relação com eles guarda traços próprios. Procedendo a uma detalhada análise das ocorrências lexicais nos textos em sumério, Slobodzianek mostra como An e Énlil "exprimem sua relação com os 'me' essencialmente por verbos de transmissão, sendo apresentados como emissores de 'me', enquanto potências divinas que ocupam uma posição elevada no panteão, mas não agem explicitamente na realidade imanente dos homens", salvo quanto Énlil intervém "pessoalmente" nessa esfera, "em geral de maneira destrutiva para a humanidade". Já Enki tem como característica o fato de 'conhecer' ('zu'), de "ser o único a possuir um conhecimento dos 'me'", exprimindo sua relação com eles "principalmente pelo campo lexical do 'controle', neles subindo ou pondo sobre eles os pés", o que o faz ser "uma força geradora e distributiva", que atua como "um catalisador, no sentido químico do termo" — ou seja, "participa ele do poder, melhora seu processo de geração e distribuição, mas não se implica nisso pessoalmente". Já Inana é a deusa a quem cabe ativar os 'me', "dar-lhes cumprimento, transportá-los". Isso significa que se trata de uma deusa que tem "intensa implicação" nas ações, "característica que ela partilha, ainda que esporadicamente, com Énlil". Isso supõe "uma operação física sobre os 'me'", ou seja, Inana, "como actante principal dessas obras narrativas, 'manipula' os poderes" — diferentemente dos homens e lugares, que mostram "uma utilização principalmente estática" deles, contexto em que o papel da deusa "se torna um pouco mais transparente e complementar, na medida em que aporta a essas

15 Na assiriologia, usas-se a convenção de que palavras acádias são transliteradas em itálico, nas sumérias mantendo-se a fonte normal. Apenas para destacar estas últimas, as apresentarei entre aspas simples, como neste caso.

duas entidades, homens e lugares que têm um contato com o divino, um aspecto que lhes falta". Nisso se encontra uma "qualidade" dela: a de "mediadora, mas uma mediadora ativa, uma vez que suscita abundantemente o cumprimento dos 'me'". Ao lado da deusa Níssaba, ela "promove a vida ao ativá-la, ao gerá-la por suas ações"[16].

Nesse sentido, é especialmente eloquente o poema *Inana e Enki*, que Bottéro e Kramer incluem nos que abordam a deusa voluptuosa, mas que julgo se enquadrar mal nessa categoria, sendo antes uma apresentação de ordem mais geral dos 'me' que Inana, recebendo-os de Enki, ativa e torna efetivos. É uma longa lista que, para o leitor de hoje, pode parecer um tanto aleatória e cuja motivação, em grande parte, nos escapa, na qual se incluem, conforme o catálogo ao final do texto[17]:

nam-en	o ofício de En[18]
nam-lagar	o ofício de Lagar
nam-diĝir	o ofício divino
aga-zi-mah	a augusta coroa legítima
^{giš}gu-za nam-lugal	o trono real
ĝidru-mah	o augusto cetro
ešgiri$_2$-šibir	a vara e o cajado
tug$_2$-mah	o augusto hábito
nam-sipa	o ofício do pastoreio
nam-lugal	o ofício da realeza

16 Slobodzianek, *Acquérir, exprimer et transmettre les "pouvoirs" divins*, p. 98-99.

17 Insiro o catálogo tal qual apresentado por Slobodzianek, *Acquérir, exprimer et transmettre les "pouvoirs" divins*, p. 31-41, seguindo em geral suas traduções e reproduzindo algumas das informações dadas em notas. Todas as informações em nota, salvo indicação em contrária, são tomadas de Slobodzianek.

18 Tanto o "ofício de En", quanto o seguinte, "de Lagar", são altas funções do culto de Inana. É significativo que, na *Descida de Inana*, a deusa os abandone logo de início, mesmo antes de abandonar os seus templos: "Ela abandonou o ofício de En, o ofício de Lagar e desceu ao kur" (v. 6).

nam-egi$_2$-zi	o ofício de Egizi[19]
nam-nin-dingir	o ofício de nindingir
nam-išib	o ofício de ishib
nam-lu$_2$-mah	o ofício de lumah
nam-gudu$_4$	o ofício de gudug
ni3-gi-na	a estabilidade[20]
ĜA$_2$-GAN	?
SI $_x$	?
kur e$_{11}$-de$_3$	a descida ao kur[21]
kur e$_{11}$-da	a subida do kur
kur-ĝar-ra	o kurgarra[22]
ĝir$_2$ ba-da-ra	o punhal e a faca[23]
saĝ-ur-saĝ	o sagursag[24]
tug$_2$-ĝi$_6$	o hábito negro
tug$_2$-gun$_3$-a	o hábito policromado
gu$_2$-bar	a nuca (com a cabeleira solta?)[25]

19 Sobre este e os quatro 'ofícios' seguintes tem-se pouca informação, a não ser que se trata de funções ligadas ao culto, em que são entronizados oficiantes, escolhidos pelos soberanos por meio de presságios. O 'nam-išib' é ligado à prática do exorcismo e da purificação. No Ano Novo, no festival de Dúmuzi, os 'tubos' do mundo inferior são abertos para depositar-se neles as libações a Inana, e os sacerdotes 'en' e 'lumah', e as sacerdotisas 'nindigir', 'luzid' e 'amalu', assim como os mortos, comem e bebem para afastar os espíritos.

20 O termo pode ser compreendido também como 'veridicidade' ou 'justiça'.

21 Como observa Katz, *The image of the Netherworld in the Sumerian sources*, p. 92-96, 'e$_{11}$' implica 'movimento vertical': "A expressão 'kur- e$_{11}$-dè' na lista dos 'me' de Inana indica que há, dela, uma descida periódica e, portanto, ela tem de estar relacionada com seu aspecto astral como o planeta Vênus. Isso oferece uma explicação para seu ciclo no céu, quando é mais bem visto da terra, e para seu desaparecimento helicoidal" (p. 95)

22 Trata-se de figura também ligada ao culto, cuja criação, na *Descida de Inana*, atribui-se a Enki.

23 O sentido de 'badara' é controverso, o termo sendo interpretado como 'matraca', 'faca', 'maça' ou 'estilete'.

24 Outra personagem integrante do culto de Inana, ao lado do 'kurgarra' e do 'pilipili'.

25 Bottéro e Kramer traduzem este item e o seguinte como "a cabeleira jogada sobre a nuca" e "a cabeleira amarrada sobre a nunca" (Bottéro, Kramer, *Lorsque les dieux faisaient l'homme*, 246-248). O sentido literal do termo que se lê é 'nuca'.

gu$_2$-x	a nuca (com a cabeleira amarrada?)[26]
——	——
^{giš}su-nir	o estandarte
mar-uru$_3$	a aljava[27]
ĝiš$_3$ du$_{11}$-du$_{11}$	a relação sexual
ĝiš$_3$-ki-su-ub	o pênis (?)
nam-kar-kid	o ofíco de karkid[28]
nam-hub$_2$-dar	o ofício do salto[29]
nam-eme-di	o ofício de falar franco
nam-eme-sig	o ofício de maldizer
nam-še-er-ka-an	o ofício de embelezamento[30]
amalu	a sacerdotisa amalu[31]
eš$_2$-dam-ku$_3$	a pura taverna[32]
——	——
niĝin$_3$-ĝar-ku$_3$	o puro nigingar[33]
nu-gig an-na	a soberana do céu
ĝiš-gu$_3$-di	a orquestra sonora
nam-nar	o ofício de músico
nam-ab-ba	o ofício de ancião
nam-ur-saĝ	o ofício da guerra
nam-kala-ga	o ofício da força (a autoridade militar)
nam-nig$_2$-erim$_2$	o ofício da perfídia
nam-nig$_2$-si-sa$_2$	o ofício da lealdade[34]
uru-lah$_x$-lah$_x$	o saque das cidades
i-si-iš-ĝa$_2$-ga$_2$	as lamentações (a prática dos lamentos)

26 Depois deste item, há uma lacuna no texto, correspondente a sete entradas.

27 Este é um equipamento tradicional de Inana enquanto guerreira.

28 A 'karkid' é uma mulher livre e não casada, serva de Inana, que ocupa algumas vezes a posição social de amante — ou prostituta, conforme Bottéro e Kramer (Bottéro, Kramer, *Lorsque les dieux faisaient l'homme*, 246-248).

29 Está relacionado com o salto à frente que dá o guerreiro.

30 Pode significar também a 'adulação'.

31 Mais uma figura do culto de Inana.

32 A taverna ('eš$_2$-dam') é o local onde atua a 'karkid'. Neste ponto há uma lacuna no texto.

33 Deve tratar-se de um santuário de Inana.

34 No sentido de 'correção' e também de 'justiça'.

ša$_3$-hul$_2$-la	a alegria do coração
lul-da	a mentira (a astúcia)
kur-ki-bala	o país rebelde (a rebelião)
nam-du$_{10}$-ge	o ofício da prosperidade
kas$_4$-di-di	o deslocamento
ki-tuš-gi-na	a residência estável
nam-nagar	o ofício de carpintaria
nam-tibira	o ofício de metalurgia
nam-dub-sar	o ofício de escrever
nam-simug	o ofício de fundição
nam-ašgab	o ofício de curtume
nam-ašlag	o ofício da tecelagem
nam-šidim	o ofício da arquitetura
nam-ad-kid	o ofício da cestaria
ĝeštu$_2$	o entendimento
ĝizal	a sabedoria
šu-luh-ku$_3$-ga	os ritos de pura ablução
e$_2$-ka-bar$_3$-ra	a casa do pastor
ne-mur-dub	o amantoado de brasas
ĝa$_2$-udu	o redil
ni-te-ĝa	o temor reverencial
ni$_3$-me- ĝar	o silêncio
kur-ku	o elogio
pirig (?)-zu$_2$-sis	o *leão* (?) de dente amargo
izi-mu$_2$-mu$_2$	a arte de acender o fogo
izi-te-te	a arte de apagar o fogo
a-kuš$_2$-u$_3$	o trabalho penoso
KA-GANA$_2$-ge	?
im-ri-a-gu$_2$-ĝar-ra	a família reunida
lu-lu-bu-na	a descendência
du$_{14}$-mu$_2$-mu$_2$	a provocação de controvérsia
u$_3$-ma	a vitória
ad-gi$_4$-gi$_4$	aconselhar[35]
ša-kuš$_2$-u$_3$	acalmar (o coração?)

35 O termo é polissêmico e, por isso, de difícil tradução, atribuindo-se-lhe também o sentido de 'ter uma relação sexual'.

ki-ku$_5$	julgar
ka-aš-bar	decidir
umuš (?) ki-ĝa$_2$-ĝa$_2$	a fundação ?
hi-li nam-munus-e-ne	a atratividade das mulheres
[...] me šu-du$_7$	[...] dar cumprimento aos 'me'[36]
----	----
tigi-ku$_3$	o puro (instrumento de cordas?)[37]
li-li-is$_3$-ku$_3$	o puro timbale[38]
ub$_3$	o tambor (de certo tipo)
me-ze$_2$	o tambor (de certo tipo)
^{kuš}a$_2$-la$_2$	o tambor (de certo tipo, em madeira)

Reproduzi a lista completa para que se tenha uma medida da desmedida que é própria da deusa, já que tudo isso são poderes, funções, propriedades que ela põe na barca em que vai de Eridu, onde se encontra o santuário de Enki, para Úruk, onde dela está o templo. Ressalte-se que, sendo referida no poema, ainda que parcialmente, nada menos que quatro vezes — uma repetição *ad nauseam*, conforme Bottéro —, entende-se que esse catálogo constitui um elemento de suma importância, ao qual a repetição só dá o necessário realce. O que o torna estranho para o recebedor moderno decorre do fato de que, como alerta Slobodzianek, os 'me' não podem ser reduzidos às noções de 'abstrato' e de 'concreto', as quais se mostram "inadequadas para circunscrever os modos de representação sumérios": 'me' possui uma "consistência física", mas também pertence ao "domínio da ideação e da potência", donde se pode concluir que

---

36 Depois deste item, há uma lacuna de duas entradas.

37 Não se sabe se 'tigi' é um instrumento de cordas ou um tambor. Já o termo 'ku$_3$', traduzido por 'puro', pode também significar 'esplêndido', 'brilhante', 'sagrado', podendo referir-se a um metal precioso, aos deuses, a objetos rituais ou a pessoas ligadas aos templos (não havendo menção de sua aplicação a reis, por exemplo).

38 Este e os três tambores que seguem são instrumentos tradicionalmente ligado ao 'gala', cantor do culto de Inana.

são uma forma de potencial, uma energia insuflada a uma realidade pré-existente, à imagem da perfórmance ritual que confere a um lugar, uma estátua, uma pessoa, uma existência superior ou uma materialidade mais intensas, o que aproximaria 'me' de seu correlato acádio *parṣum*, tradicionalmente traduzido como 'função ritual' ou 'decreto divino'.

Assim, eles não têm "nem forma, nem contorno", sendo "indissociáveis das realidades ou das pessoas às quais se referem". Em suma: "não são só uma cartografia da realidade, mas antes um sistema de potencialidades divinas" que "têm cumprimento num campo de realidade definido"[39]. Nesse sentido é que, portanto, a lista diz muito sobre o estatuto superior de Inana e sua profunda implicação com amplas esferas do mundo.

Caitlin Barret resume as opiniões dos comentadores sobre a relação de poderes apresentada em *Inana e Enki*: Bottéro e Kramer veem a lista "como 'dados essencialmente culturais', relacionados com características de civilização"; na mesma direção, "Alster acredita que os 'me' em *Inana e Enki* se referem exclusivamente a 'normas culturais'", a "operações da civilização humana", o texto descrevendo "essencialmente a extensão da civilização de Eridu, a cidade de Enki, para Úruk, a cidade de Inana"; finalmente, numa proposta diferente, Jean-Jacques Glassner "argumenta convincentemente que, ainda que o termo 'me' tenha normalmente um campo semântico muito mais abrangente", a enumeração em causa "limita-se aos principais aspectos das histórias e rituais pertencentes ao culto de Inana", representando, alguns deles, "papéis e rituais performados pelos devotos" da deusa, outros, "atividades exercidas pela própria Inana". Desse ponto de vista, afirma ele, se o catálogo tivesse sido pensado para incluir todos os

39 Slobodzianek, *Acquérir, exprimer et transmettre les "pouvoirs" divins*, p. 98-99.

dados relevantes da civilização, "então deixou de lado alguns dos mais importantes, como agricultura e irrigação", abordando, em vez disso, poderes relacionados com "conceitos como realeza, sexualidade, guerra e certos tipos de sacerdotes, todos trazendo fortes associações com Inana"[40]. Dizer que o catálogo se interessa apenas pelos poderes associados com Inana implica reforçar seu caráter de mediadora, garantindo que se trata de uma capacidade de mediação muito abrangente (o que fica claro pela própria extensão da lista), mas não totalizadora ou informe, ou seja, a esfera de ação sendo muito ampla — quiçá invasiva em termos das atribuições de outros deuses —, não se supõe que dissolva o que há de próprio na figura de Inana.

A função medianeira que põe em relação domínios do mundo físico, animal, humano e divino dá sentido, em especial, a um dos papéis mais instigantes da deusa: é ela a protagonista dos rituais de hierogamia, quando uma sacerdotisa e o rei repetiam a união sexual entre Inana e Dúmuzi. O casamento sagrado teria lugar na festa de ano novo, usualmente no palácio do rei. A forma do ritual é apresentada de modo variado nas diferentes versões, mas parece que ele "era consumado numa cama preparada para a cerimônia", coberta "com uma colcha" apropriada para a ocasião, incluindo, na sequência, "uma opulenta festa, durante a qual havia cantos, danças e música instrumental", os textos a isso relativos sendo, conforme Kramer, de três tipos: a) poemas relativos ao namoro, que precede o casamento de Dúmuzi e Inana; b) poemas relativos ao ritual do casamento, que sublinham a sua importância para a prosperidade de Sumer; c) cantos de amor de Inana para Dúmuzi, os quais eram performados por uma hierodula do templo e dirigidos ao rei[41].

---

40 Barret, Was dust their food and clay their bread?, p. 22.

41 Kramer, *Cuneiform studies and the History of Literature*, p. 490.

Num desses poemas, da época de Shúlgi (cerca de 2000 a. C.), "descreve-se minuciosamente a cerimônia do matrimônio sagrado", para o qual o rei realiza "uma série de rituais de purificação e sacrifícios para as divindades", vestindo "os atavios cerimoniais (trajes 'ba')" e assumindo "o papel do noivo divino", enquanto "Inana entoava uma canção"[42]. Conforme o que se lê no poema:

> O rei embarcou
> Para Úruk, o lugar principesco das forças divinas,
> Sumer e Akkad estavam maravilhados,
> Quando no porto de Kulab atracou seu barco,
> Um grande touro selvagem da montanha sagrada transportou em seus braços,
> Uma ovelha para o governante sujeitou em suas mãos,
> Um cabrito castanho, um cabrito barbudo tomou sobre seu peito,
> Ante Inana, no Eanna ele entrou.
> Shúlgi, o pastor reto, um coração amado, vestiu-se com o traje 'ba',
> Uma peruca, como uma coroa, pôs na cabeça.
> Inana contemplou-o com olhar aprazível
> E ela mesma pôs-se a cantar
> Uma canção:
> Para o rei, para o senhor,
> Banhei-me,
> Para o pastor Dúmuzi banhei-me,
> Adornei meus flancos (?) com unguento,
> Ungi minha boca com ervas desfiadas,
> Pintei meus olhos com rímel,
> Tomou-me ele em suas mãos prazerosas,
> Minhas cadeiras modelou.
> O senhor, que dormia ao lado da pura Inana,
> O pastor Dúmuzi,
> Espargiu leite em seu regaço,
> Entre meus puros braços (?),
> Como a cerveja escolhida;

42 Cabrera Pertusatti, *Transtextualidades en la literatura mesopotámica*, p. 93-94.

Toquei seu pênis (?),
Meu pelo púbico manchei,
Ele brincou com os cabelos de minha cabeça,
Colocou suas mãos em meus sagrados genitais.[43]

Um outro aspecto da mediação da deusa, de especial interesse aqui, foi tratado por Barret: seu caráter liminar com relação à vida e à morte, a considerar-se a presença, em contextos funerários, de imagens e símbolos a ela ligados: além da roseta, também a estrela de oito pontas, leões e leoas, cornalina e, em certos casos, a cor vermelha (assim, num dos objetos encontrados em túmulo do chamado cemitério real de Ur, a roseta de Inana aparece com destaque, como se pode observar na figura 2).

Figura 2: A cabra de pé, PG 1237, Túmulos reais de Ur

43 Fragmento do Poema de louvor de Šulgi (Šulgi X), cf. *The Eletronic Text Corpus of Sumerian Literature*, do Oriental Institute da Universidade de Oxford (etcsl.orinst.ox.ac.uk TCSL c.2.4.2.24, 1-30); tradução a partir da versão de Cabrera Pertusatti, Transtextualidades en la literatura mesopotámica, p. 93-94.

A deusa costuma ser apresentada portando o barrete com fileiras de chifres, próprio dos deuses, aparecendo nua da cintura para baixo (mais comumente na época neo-assíria e neobabilônica), ou então como guerreira, com as armas surgindo detrás dos ombros, algumas vezes tendo asas. Seu culto estando relacionado com o de Dúmuzi, acrescente-se que este é algumas vezes associado à cor azul/lápis-lazúli, ou azul e negro, também de significado fúnebre[44]. Ainda que não seja consensual, muitos estudiosos acreditam que o chamado "Relevo Burney", do Museu Britânico, seja uma representação de Inana/Ishtar (figura 3).

Figura 3: Relevo Burney, com a figura comumente identificada como a "Rainha da Noite", British Museum

44 Barret, Was dust their food and clay their bread?, p. 25.

A imagem que nele se vê mostra-se nua, com braceletes, dotada de asas, pés de pássaro, trazendo o barrete com três fileiras de chifres, o círculo e a vara em cada uma das mãos. Está posta sobre dois leões, animais relacionados com Inana/Ishtar, e ladeada por duas corujas. Tendo sido o primeiro a propor que se trata de uma representação da deusa, Jacobsen observa que as corujas teriam relação não só com o seu aspecto fúnebre, como também com sua representação como prostituta. O relevo era pintado com vermelho e preto, o corpo da figura sendo em vermelho. Infelizmente não se conhece a procedência da imagem, mas Barret especula que ela poderia estar ligada a alguma capela mortuária privada, como acontece com outras figuras votivas da deusa encontradas nesse tipo de ambiente[45].

Sem pretender apresentar um ainda que mínimo inventário da iconografia de Inana/Ishtar[46], reproduzo o relevo Burney apenas para fornecer ao leitor alguma imagem dessa divindade, desejando nada mais que, na esteira de Barret, realçar sua ligação com o mundo dos mortos — e é como uma deusa especialmente relacionada com essa esfera que também Abusch interpreta a proposta de casamento que ela faz a Gilgámesh, em *Ele que o abismo viu*: em vez de bodas — ou, ao mesmo tempo que bodas — nisso estaria implicado um convite a que o herói descesse à morada dos mortos[47]. Ressalte-se que

---

45 Barret, Was dust their food and clay their bread?, p. 40-42. Sobre a polêmica em torno do relevo Burney, Albenda, The "Queen of Night" Plaque: a revisit e Collon, The Queen under attack.

46 Sobre a iconografia de Inana/Ishtar, ver Barrelet, Les déesses armées et ailées. Uma visão resumida, de ordem geral, encontra-se em Pozzer, Arte, sexo e religião: a deusa Ištar na Mesopotâmia.

47 Cf. *Ele que o abismo viu* 6, 1-79; Abusch, Ishtar's proposal and Gilgamesh's refusal, p. 152: "Queremos agora ler a proposta de Ishtar à luz da seguinte tese: a proposta de Ishtar constitui uma oferta a Gilgámesh para tornar-se um funcionário do mundo inferior. Os detalhes de sua oferta podem ser entendidos como referências aos ritos fúnebres e a atividades que Gilgámesh realizaria no mundo inferior. A ordem em que os itens são citados pode ainda representar uma progressão contínua: Gilgámesh,

a presença de Ishtar em contextos fúnebres não implicaria nenhuma possibilidade de salvação ou de retorno à vida, inclusive porque, até onde se conhece, não há nenhum registro mesopotâmico que aponte para a crença em algum tipo de ressurreição. A ela, contudo, foram dados, dentre outros poderes ('me'), como vimos, "a descida ao 'kur'" ('kur ed_3-de_3') e a "subida do 'kur'" ('kur ed_3-da'), ou seja, o que está em questão é essa sua capacidade de trânsito entre dois mundos. De fato, tanto em *Ao Kurnugu, terra sem retorno* quanto em *Ele que o abismo viu*, ela ameaça fazer subir os mortos à superfície, o que não implica mudar a condição dos espectros, mas apenas franquear-lhes a subida à esfera superior — essa capacidade devendo ser considerada uma de suas prerrogativas. Nos termos de Barret:

> Inana/Ishtar é uma 'ambiguidade encarnada' (...), derrubando as fronteiras entre bom e mau, macho e fêmea, adulto e criança, virgem e prostituta, *status* elevado e baixo, humano e animal e até humano e divino (...). Assim, dificilmente seria surpreendente que ela pudesse ser associada também com a fronteira entre vida e morte. É apropriado a Inana/Ishtar, dentre todos os deuses, preencher o papel liminar de descer ao mundo inferior e de novo subir.[48]

Basta que se levem em conta os dados aqui resumidamente apresentados para concluir que se trata, de fato, de uma personalidade forte, complexa e especialmente perigosa. Em vista disso, Rivkah Harris propõe que Inana/Ishtar constituísse de fato "um paradoxo, ou seja,

---

o rei, deposará Ishtar e irá para sua nova casa, o túmulo, o mundo inferior; lá lhe serão concedidos os ritos de morto e ele exercerá seus poderes infernais. Nosso texto descreve um ritual fúnebre. Obviamente, nosso texto faz uso de figuras e formas tomadas dos domínios e rituais de casamento, alimentação e fertilidade, sexualidade, e talvez mesmo atividade política. Mas a imagem unificadora e dominante é a do túmulo e de Ishtar como sua representação simbólica."

48 Barret, Was dust their food and clay their breast?, p. 21.

ela incorporava em si polaridades e contrários — e assim os transcendia", enquanto uma divindade que "representava ao mesmo tempo ordem e desordem, estrutura e antiestrutura", perturbando e confundindo, "em seus traços psicológicos e em seu comportamento, (...) categorias normativas e fronteiras" — e, ao mesmo tempo, definindo e protegendo "as normas e estruturas subjacentes da civilização mesopotâmica"[49]. Esses paradoxos podem ser resumidos assim, levando-se em conta os dados e argumentos arrolados pela mesma autora:

1. ela pode ser apresentada como maternalmente protetora, como acontece com relação aos reis semitas, de Sargão de Akkad a Assurbanípal ("Em seu seio amoroso ela te envolve e protege toda tua pessoa")[50], ao mesmo tempo que é fonte de todo tipo de conflitos entre os homens ("Estrela do grito de guerra, que pode fazer irmãos que viveram sempre em harmonia lutar uns contra os outros")[51];
2. ela apresenta uma sexualidade exuberante ("Reúne sempre para mim os homens de tua cidade/ E deixa-nos ir à sombra da muralha:/ Sete em seu pescoço, sete em seu quadril,/ Sessenta mais sessenta satisfeitos por sua embarcação;/ Os homens ficam exaustos, mas Ishtar não:/ Homens, apossem-se de minha bela vulva")[52], mas se mostra também inocente em termos de sexo ("Sou alguém que não conhece o que é fe-

49 Harris, Innana-Ishtar as paradox and a coincidence of opposites, p. 263 (artigo incluído como capítulo em Harris, *Gender and aging in Mesopotamia*, capítulo 10, p. 158-171).

50 Pritchard, *Ancient Near East texts relating to the Old Testament*, p. 451, apud Harris, Innana-Ishtar as paradox and a coincidence of opposites, p. 270.

51 Reiner and Güterbock, The great prayer to Ishtar and its two versions from Bozgazöy, apud Harris, Innana-Ishtar as paradox and a coincidence of opposites, p. 265.

52 Soden, *Orientalia* NS, v. 60, p. 339-342, apud Stol, *Women in ancient Near East*, p. 428.

minino...;/ Sou alguém que não conhece o que é feminino: a cópula;/ Sou alguém que não conhece o que é feminino: o beijo;/ Sou alguém que não conhece a cópula, sou alguém que não conhece o beijo")[53];

3. ela é rainha ("Para Ishtar grande rainha, a Shámash ele [Gilgámesh] mostrou [as oferendas]")[54] e prostituta ("Eu sou a verdadeira prostituta,/ Alguém que gosta do pênis")[55];
4. ela é a esposa amorosa de Dúmuzi ("Inana chora amargamente seu jovem amante:/ Ei-lo desaparecido, meu esposo, meu esposo adorável")[56] e a causa de sua perdição ("Inana lança sobre ele um olhar: olhar assassino! (...)/ Lança contra ele um grito: um grito de danação!/ É ele, levem-no!)[57];
5. ela é uma figura andrógina que quebra as fronteiras entre os sexos, incorporando tanto traços masculinos quanto femininos ("Quando tomo minha posição na retaguarda da batalha, sou verdadeiramente a mulher que vem e se aproxima;/ Quando me assento na taverna, sou uma mulher, mas verdadeiramente sou um exuberante homem")[58];

---

53 Kramer, BM 23631: Bread for Enlil, sex for Inana, p. 127.

54 *Ele que o abismo viu*, tabuinha 8, v. 136.

55 IM 13348, apud CAD. Julia Assante, em *The kar.kid/harīmtu, prostitute or single woman*, critica o entendimento de que houvesse prostiuição sagrada na Mesopotâmia, incluindo a relação das prostitutas com Ishtar, propondo que os termos comumente entendidos e traduzidos como 'prostituta' ('kar.kid' e *harīmtu*), dizem respeito a mulheres que vivem sozinhas, ou seja, que não são casadas e se mantêm a si mesmas; esse ponto de vista foi rebatido por Silver, *Temple/sacred prostitution in ancient Mesopotamia revisited*, especialmente na seção "Ishtar and harīmtu/kar-kid in the tavern/inn", p. 647-649.

56 Bottéro, Kramer, Complainte d'Inana sur le trépas de Dumizi, in *Lorsque les dieux faisaient l'homme*, p. 313.

57 Bottéro, Kramer, La descente d'Inana aux Enfers, in *Lorsque les dieux faisaient l'homme*, p. 288.

58 Cohen, The incantation hymn: Incantation or hymn, apud Harris, Innana-Ishtar as paradox and a coincidence of opposites, p. 269.

6. ela é a padroeira de todas as formas de inversão sexual ("Ela muda o lado direito [macho] para o esquerdo [fêmea], ela muda o lado esquerdo para o direito, ela faz de um homem, mulher, e faz, de uma mulher, homem, ela adorna um homem como mulher e adorna uma mulher como homem")[59], sendo o travestismo o que caracteriza seu culto ("Os prostitutos penteiam o cabelo diante dela.../ Decoram a nuca de seus pescoços com fitas coloridas.../ (...) Seu lado direito eles adornam com roupas de mulher.../ Seu lado esquerdo cobrem com roupas de homem...")[60].

Em resumo, ainda de acordo com Harris, Inana/Ishtar "engloba as duas formas potenciais de desordem e violência: sexo e guerra"[61].

---

59 Sjöberg, in-nin šà-gur-ra: a hymn to the goddess Inana, apud Harris, Innana-Ishtar as paradox and a coincidence of opposites, p. 270.

60 Reisman, Iddin-Dagan's sacred mariage hymn, apud Harris, Innana-Ishtar as paradox and a coincidence of opposites, p. 276.

61 Harris, Innana-Ishtar as paradox and a coincidence of opposites, p. 276.

II

A DESCIDA DE INANA

O dossiê organizado por Bottéro e Kramer tem uma curiosidade: com exceção de *Ao Kurnugu, terra sem retorno*, e da passagem tomada de *Ele que o abismo viu*, todos os outros poemas dizem respeito a Inana, sendo os originais escritos em sumério. Se, como já afirmei, é verdade que as duas deusas correspondem uma à outra, fazendo sentido tomá-las em conjunto, isso não significa que os textos sobre elas, em sumério e acádio, possam ser reduzidos uns aos outros, tendo em vista a própria variedade dos relatos e o longo período de tempo abrangido pela produção poética sobre ambas. Do mesmo modo, ainda que sumérios e semitas convirjam na superestrutura que se convencionou chamar de civilização mesopotâmica, isso não implica dissolver, no tempo e no espaço, o que é específico na produção em cada língua, sendo preciso ter cautela contra a tentação de fazer tudo que é acádio depender de antecedentes sumérios, pois, como observa Röllig, parece que, na segunda metade do segundo milênio, entre as pessoas que sabiam ler, a tradição em sumério já se encontra relativamente isolada[62].

Esse cuidado deve reger as aproximações do poema acádio sobre a descida de Ishtar com o correspondente sumério sobre Inana, que é mais longo e, sob certa perspectiva, mais detalhado, de acordo com os parâmetros de uma poética própria. De um lado, é evidente que os dois textos compartilham o mesmo lugar comum em que a personalidade e as ações da deusa foram configuradas. Por outro lado, há a pre-

62 Röllig, Myths about the Netherworld in the ancient Near East and their counterparts in the Greek religion, p. 312-314.

cedência temporal do poema sumério, que remonta, provavelmente, à passagem do terceiro para o segundo milênio. Insistindo num paralelo já mencionado: do mesmo modo que o estudo da poesia latina não pode ser reduzido às suas relações com a poesia grega que a precede, mesmo que os romanos busquem nela temas e formas, a poesia acádia, buscando temas e formas na produção suméria, apresenta traços que precisam ser apreciados em si mesmos. No presente caso, a *Descida de Inana* deve, sem dúvida, ser levada em conta, a fim de que se possam perceber os lugares comuns a partir dos quais *Ao Kurnugu, terra sem retorno* se compõe, mas esta última obra não pode ser lida como meramente subsidiária da mais antiga nem ser considerada uma simples "versão" que depende inteiramente e mesmo corrompe o seu modelo, o que ela tem de supostamente obscuro e difícil, como acredita Charles Panglese, podendo "ser entendido à luz do original sumério"[63]. Contra essa tendência de reduzir um ao outro é preciso insistir no que cada poema tem de próprio, nos termos já apontados por Kramer:

> Como uma comparação das duas versões claramente mostra, o relato sumério difere radicalmente do desenvolvido pelos semitas. Só no delineamento mais geral da estória as duas concordam: a deusa desce ao mundo inferior, passa as sete portas, em cada uma das quais uma vestimenta ou ornamento lhe é removido, é levada à morte ao comando de Eréshkigal, é salva pelos esforços do sábio Enki (o semita Ea) e ascende de novo à terra. Mas poucos dos detalhes que preenchem esse arcabouço do mito são semelhantes nas duas versões. O que é, sem dúvida, mais interessante é a palpável diferença de estilo e tom. A índole da versão suméria, como a da literatura suméria como um todo, é calma, reflexiva, passiva e desapaixonada; os incidentes são recitados impassivelmente e repetidos até a monotonia. A versão semítica, por outro lado, encobre muitos dos detalhes, mas expande com uma linguagem que é caracteristicamente apaixonada e intensa os detalhes que são ricos em possibilidades emotivas.

63 Penglase, *Greek myths and Mesopotamia*, p. 23.

> Há poucas dúvidas de que a versão suméria é a mais original; o relato semítico é desenvolvido a partir dela ao longo dos séculos, como o resultado de modificações feitas pelos babilônios, de acordo com sua própria índole e talento.[64]

Mesmo que essas palavras proponham uma linha de análise que considero, no conjunto, correta, é preciso dizer que incorrem ainda num viés que tenho por impróprio, ao considerar que "a versão suméria é a mais original" — pois dizer-se uma 'origem' mais autêntica supõe propor uma espécie de dependência que desconheceria justamente o que a obra mais recente tem de próprio —, esse pressuposto ficando manifesto na forma como se expõe um passo importante da "estória", quando a deusa "é levada à morte ao comando de Eréshkigal", o que, como já ressaltei, não acredito que se poderia dizer de *Ao Kurnugu, terra sem retorno*, apenas da *Descida de Inana*. Repita-se em nome da clareza: não desconheço as relações intertextuais entre os dois poemas, relações muito privilegiadas, mas desejo considerá-las da perspectiva de toda a teorização sobre a intertextualidade — sobretudo no sentido de que um texto nunca é unívoco, mas convoca vários outros —, sem incorrer no viés de pensar esse processo enquanto simples influência do mais antigo sobre o mais novo.

É por reconhecer tais relações privilegiadas e com a intenção de que se possam perceber os lugares comuns compartilhados pelos dois relatos que apresento a seguir um resumo do poema sumério[65]:

---

64 Kramer, Ishtar in the Nether World according to a new Sumerian text, p. 20.

65 Cf. a tradução para o inglês disponível em The Eletronic Text Corpus of Sumerian Literature, do Oriental Institute da Universidade de Oxford (etcsl.orinst.ox.ac.uk); tradução para o francês em Bottéro, Kramer, *Lorsque les dieux faisaient l'homme*, p. 276-295.

De início, sem que se explicitem suas motivações, declara-se que Inana voltou sua atenção do "grande céu" ('an-gal') para o "grande lugar inferior" ('ki-gal', v. 1-5) e, depois de abandonar seus oito templos, espalhados por várias cidades (v. 6-13), partiu para o mundo de baixo, tendo tomado seus sete poderes (seus sete 'me'), os quais segura com a mão, além de revestir-se com: a) o barrete que lhe cobre a cabeça; b) o chinó posto sobre sua fronte; c) contas de lápis-lazúli, em torno de seu pescoço; d) contas em forma de ovos sobre os seios; e) uma vestimenta 'pala' condizente com sua dignidade de senhora; f) nos olhos, o rímel que é chamado "deixa o homem vir, deixa o homem vir!"; g) o peitoral chamado "vem, homem, vem!" sobre os seios; h) um aro de ouro numa mão; i) uma vara e linha de medição de lápis-lazúli na outra (v. 14-25)[66]. Ela viaja, então, seguida por sua assistente, de nome Nincubura (ou Ninshubur), à qual, no caso de não voltar, encarrega de lacerar-se a si mesma e procurar a ajuda dos deuses Énlil, Nana e, finalmente, já que se sabe que os dois primeiros não lhe darão ouvidos, Enki, para que não deixe "a jovem senhora Inana ficar morta no mundo inferior" (v. 26-72)

Já sozinha, a deusa chega diante do palácio Ganzer e bate-lhe violentamente na porta, dizendo: "Abre, porteiro, abre! Abre, Bidu, abre, estou sozinha e quero entrar". Interrogando-a o porteiro sobre o motivo de sua viagem, ela declara vir "porque o senhor Gud-gal-ana, marido de minha irmã mais velha Erec-ki-gala (isto é, Eréshkigal), morreu; a fim de ter seus ritos fúnebres celebrados, ela oferece generosas libações em sua vigília — essa a razão" (v. 73-89). O porteiro anuncia a Erec-ki-gala a presença de sua irmã, informando como vem ataviada e de posse de seus sete poderes. Erec-ki-gala responde que a deixe entrar, removendo, contudo, suas vestimentas a cada uma das sete portas do palácio Ganzer (v. 90-122). Assim, a cada porta, Inana é despida, sucessivamente, do barrete, do colar de lápis-lazúli, das duas contas em forma de ovo, do peitoral, do aro de ouro, da vara e linha de medição e, finalmente, da vestimenta 'pala' (v. 123-163). Foi Inana então arrebatada, fez sua irmã Erec-ki-gala elevar-se de seu trono, onde por sua vez se assentou. Os Anuna, os sete

66 Sobre a indumentária de Inana e o modo como expressa sua identidade como rainha e deusa ligada ao sexo e à guerra, Tanaka, *Dress and Identity in Old Babylonian Texts*, p. 20-54.

juízes do mundo inferior, proferem uma sentença contra ela, que se torna um cadáver, logo pendurado num gancho (v. 164-172)

Três dias e três noites tendo-se passado, Nincubura põe em prática as instruções que a deusa lhe dera, lacerando-se e procurando os deuses na ordem pré-estabelecida. Énlil, irritado, não atende ao apelo, justificando que "minha filha almejou o grande céu e o grande mundo inferior também (...), os divinos poderes do mundo inferior não devem ser almejados, pois quem os conquista tem de permanecer no mundo inferior". A reação e a resposta de Nana é a mesma: "Minha filha almejou..." (v. 173-216). Enfim, Enki decide assumir a tarefa de trazer Inana de volta: removendo a sujeira da ponta do dedo de sua mão, ele criou o 'kurjara' (ou 'kurgara'); removendo, em seguida, a sujeira da ponta do dedo de sua outra mão, criou o 'gala-tura' (ou 'kala-tur')[67]. Ao primeiro, deu a planta da vida; ao segundo, a água da vida (v. 217-225). Enki instrui suas criaturas sobre como proceder no mundo inferior, cabendo-lhes conquistar a boa vontade de Erec-ki-gala e, principalmente, recusar a oferta que se lhes faria de água do rio e grãos do campo, para, ao invés disso, pedir "o cadáver pendurado no gancho". A esse pedido, Erec-ki-gala retrucaria: "Esse é o cadáver de vossa rainha", ao que deveriam responder: "Seja o cadáver de nosso rei, seja o cadáver de nossa rainha, dá-o a nós". Ela o tendo dado, seria então o momento de um deles aspergir Inana com a planta da vida, o outro, com a água da vida, de modo fazê-la reviver (v. 226-253). As duas criaturas descem logo ao mundo inferior, voando em torno de suas portas como moscas, passando como espectros pelos eixos das portas. Encontram Erec-ki-gala e tudo se passa como se predisse (v. 254-281).

Num novo movimento da trama, quando Inana está a ponto de ascender, é de novo segurada pelo Anuna, que declara: "Se Inana subir do mundo inferior, deve prover um substituto de si". A deusa sai então escoltada por entidades que não conhecem comida nem bebida, não recebem oferendas nem presentes, nunca conhecem os prazeres do abraço de um

67 Essas figuras devem sem entendidas como os protótipos de pessoas ligadas ao culto de Inana: em sumério, 'kurjara/kurgara' designa um homem efeminado, enquanto 'galatura/kalatur' é um oficiante do culto, provavelmente um cantor de lamentos, que se presume seja castrado.

esposo nem jamais têm um filho para beijar, pelo contrário, são eles que arrebatam a esposa do abraço do marido, o filho dos joelhos do pai e fazem a noiva abandonar a casa do sogro (v. 282-305). Chegando Inana à superfície, esses entes malévolos, logo à porta do Ganzer, ameaçam levar Nincubura, sendo impedidos pela deusa; dirigindo-se em seguida a Umma, ameaçam arrebatar Kara, o cantor de Inana, sendo de novo impedidos pela deusa; chegando, enfim, à grande macieira, na planície de Kulaba, encontram Dúmuzi vestido com magnificência e sentado num também magnífico trono. Os demônios arrebatam-no, enquanto Inana lhe lança um olhar de morte, palavras de ódio e termina por entregá-lo (v. 306-367).

Dúmuzi suplica a Utu (o Sol), seu cunhado, que mude suas mãos e pés em mãos e pés de cobra (ou dragão), a fim de que possa escapar das entidades malévolas, no que é atendido. A sequência do texto é muitíssimo fragmentada, dando a entender que Inana chora amargamente a sorte de seu marido, é auxiliada pela mosca, à qual atribui um destino (viver na cervejaria e na taverna), declarando, afinal, que Dúmuzi permaneceria no mundo inferior metade do ano, sua irmã lá ficando a outra metade. A narrativa conclui dizendo que "assim é que a sagrada Inana entregou Dúmuzi como seu substituto", após o que se acrescenta a doxologia dirigida a Erec-ki-gala: "Santa Erec-ki-gala, doce é teu louvor!" (v. 368-412)

No confronto do poema sumério com o acádio fica claro que, embora as duas narrativas sejam relacionadas e, em termos gerais, se ocupem do mesmo entrecho "mítico" — a descida da deusa —, têm elas focos diferentes. De fato, mesmo que Dúmuzi seja entregue, ao final, em troca de Inana, não há qualquer referência, no poema, a que isso diga respeito ao ciclo de fecundidade da terra no transcorrer das estações. Como afirma Katz, se "a *Descida de Inana* tinha uma mensagem universal ou cósmica, como seu efeito na natureza, isso não é mencionado, nem mesmo em conjunção com o mito de Dúmuzi"[68].

68 Katz, *The image of the Netherworl in the Sumerian sources*, p. 257.

De fato, o tom etiológico explícito no poema acádio, na medida em que não só a descida de Ishtar implica num fim da sexualidade (e, em consequência, da fecundidade), como também a volta da deusa provoca a descida de Dúmuzi e a instituição de seu cíclico retorno (relacionado não só com o ciclo de fertilidade da terra, como também com o estabelecimento das relações entre vivos e mortos, com a instituição de festividades também cíclicas), tudo isso está ausente no poema sumério, que, assim, apresenta um caráter "mítico" mais reforçado, centrado na própria aventura da deusa e no seu intento de ter tanto o grande céu ('an-gal'), quanto o grande mundo de baixo ('ki-gal')[69]. Katz acredita que "a estória da jornada de Inana pode ser mais bem explicada pelo ciclo do planeta Vênus, seu aparecimento e desaparecimento abaixo da linha do horizonte e seu reaparecimento após um período de tempo", pois, "tendo em vista o ciclo de Vênus, não só a descida é importante, mas também o curso do planeta no céu", de modo que "a caminhada de Inana num trajeto horizontal" — no início do relato — "é uma parte indivisível da estória", bem como as instruções recebidas por Nincubura, "para assegurar sua re-emergência, são uma parte intrínseca da estória"[70]. Note-se como é exatamente a esses dados que o narrador acádio não se refere, pondo a ênfase nos efeitos do ocultamento de Ishtar que se observam na natureza.

De perspectiva diferente, numa leitura feminista do "mito" da descida de Inana/Ishtar — sem distinção entre as deusas —, Monika Ottermann contesta a interpretação ligada ao ciclo da natureza, vendo nos poemas, em especial no texto sumério, uma narrativa de como

---

69 Pezzoli-Olgiati, Erkundungen von Gegenwelten, p. 244, ressalta que "o céu como ponto de partida da deusa não é mencionado diretamente na versão acádia, mas sim na versão suméria, em que a oposição entre céu e mundo inferior é fortemente ressaltada", já que a narrativa se concentra em Inana enquanto personagem.

70 Katz, *The image of the Netherworl in the Sumerian sources*, p. 257

o poder da grande deusa foi restringido no processo de instauração do patriarcado na Mesopotâmia. Segundo ela, "a própria realidade climática e sócio-econômica" daquela região não favorece o tipo de entendimento etiológico ligado à fecundade, pois "fertilidade e falta de fertilidade, vida e morte" dependiam "não de estações", mas "do bom funcionamento do sistema de irrigação", o que "ameaçava esse sistema, com seus canais, barragens e diques", sendo "a conjuntura sócio-histórica de determinados períodos políticos, que permitiam sua manutenção, e outros, que a atrapalhavam ou, na maioria dos casos, a prejudicavam deliberadamente". Assim, "o lamento por Dúmuzi" deveria ser entendido "não no âmbito da natureza que morre e ressuscita, mas no âmbito do lamento anual por combatentes mortos, especialmente no caso de governantes divinizados após sua morte": "a 'ressurreição' temporária do herói consistiria" em reavivar sua memória nos "ritos de luto, tão realçados na *Descida de Ishtar*"[71].

Parece despropositado negar que, no poema acádio, não esteja em causa a função da deusa relacionada com sexo e fecundação — já que isso se diz claramente no clímax da narrativa —, mas é pertinente entender que, no texto sumério, está sim em causa o vasto poder de Inana, a que põe limites não alguma divindade de feição patriarcal, mas o poderio de outra deusa igualmente forte, Erec-ki-gala.

71 Ottermann, Morte e ressurreição na Suméria, p. 16-17.

III

OS OUVIDOS DE ISHTAR

Não é apenas em extensão que a *Descida de Ishtar* é mais concisa que a *Descida de Inana*, mas também em termos de sua concepção poética: o enredo "é obviamente derivado do antigo mito sumério (...), mas as histórias divergem", a primeira divergência emergindo nas repectivas introduções, já que, no caso de Inana, o poema expõe como a deusa "desejou o mundo inferior em adição ao céu, listando tudo que ela perde em consequência disso", enquanto o início do poema acádio "consiste numa repetitiva afirmação de que ela foi ao mundo inferior e numa elaborada descrição" deste[72]. A reconhecida concisão do texto acádio parece assim responder a uma perspectiva própria, mesmo que tenha como pano de fundo o antigo "mito" da descida. De um modo ou de outro, o leitor deve saber que Ishtar, certa vez, desceu ao Kurnugu, experimentou a existência conforme as regras de lá (a existência dos mortos) e voltou ao mundo dos vivos. Esse seria o núcleo do lugar comum, não necessariamente transmitido através de textos escritos, mas muito provavelmente difundido também por transmissão oral. A dúvida dos comentadores contemporâneos — por que Ishtar desceu ao mundo dos mortos? — deveria ser improcedente para o leitor ou ouvinte antigo, conhecedor das tradições relativas à deusa e a seu caráter paradoxal, medianeiro e invasivo. Como já salientei, em suas múltiplas facetas Ishtar é sem dúvida irrequieta, perturbando tanto deuses, quanto homens.

---

72 Katz, *The image of the Netherworl in the Sumerian sources*, p. 257.

Assim, o que dizem os versos iniciais tem em si concentrada toda a "motivação" do que se narra, bastando recordar como inúmeras histórias, de diferentes procedências, iniciam dizendo como, um dia, uma determinada personagem decide fazer algo — isso sendo o bastante:

ana kurnugê qaqqari lā târi	Ao Kurnugu, terra sem retorno,
Ištar mārat Sîn uzunša iškun	Ishtar, filha de Sin, seus ouvidos voltou,
iškunma mārat Sîn uzunša...	E voltou, a filha de Sin, seus ouvidos...

A expressão que traduzi por "voltar os ouvidos" é literalmente 'pôr os ouvidos' em algo (*uzna šakānu*), o que dá a acepção de 'prestar a atenção', equivalendo, portanto, em português, a algo como 'pôr os olhos' em alguma coisa. Trata-se de um torneio de linguagem próprio das línguas semíticas, em que é preferentemente o ouvido — e não a vista — que topicaliza corporalmente o canal que mais produz conhecimento: em acádio, *uznu* (como *hasīsu*, seu sinônimo) tem o sentido primeiro de 'orelha', 'ouvido', comportanto também as acepções de 'sabedoria', 'entendimento', 'compreensão', 'consciência', 'atenção'. O que se realça, portanto, é como, nunca antes tendo posto sua atenção (seu entendimento e sua consciência) no mundo dos mortos, Ishtar agora o faz.

O epíteto que qualifica a deusa apresenta-a como filha de *Sîn*, isto é, o deus Lua (uma divindade masculina). Recorde-se que, na *Descida de Inana*, se lhe atribuem, como pais, Énlil, Enki e Nanna (este último correpondendo, em acádio, a Sin). Em outro texto sumério, conhecido como *Canto de amor de Dúmuzi e Inana*, a deusa afirma: "Eu sou a rainha, a semente engendrada por An" (correspondente ao acádio Ánu), sendo também como filha de Ánu que ela é apresentada em *Ele que o abismo viu*[73]. Conforme Stephanie Dalley, ser dada aqui como filha de Sin mostra que *Ao Kurnugu, terra sem retorno* "não é estreitamente relacionado com as tradições literárias de Úruk"[74].

No texto cuneiforme, a referência a Sin se faz por meio do numeral 30[75], essa prática de escrever nomes de deuses com numerais sendo própria do período assírio médio. Neste caso, 30 remete ao número de dias do mês lunar, sendo de observar que, na versão médio-assíria do poema, também o nome de Ishtar se escreve com um numeral, a saber, 15, o qual manifesta a conexão da deusa com seu pai: "uma vez que ela era filha da lua — comenta Simo Parpola —, a lua cheia, com seu disco perfeitamente brilhante, simbolizava Ishtar, e o décimo-quinto dia do mês era o dia ideal da lua cheia"[76].

Enfim, anote-se uma diferença significativa entre a descida de Ishtar e a de Inana. Neste último caso, a deusa deixa com sua serva Nincubura instruções sobre como agir no caso de não voltar: depois de lacerar-se, procurar a ajuda de Énlil, Nana e Enki, nessa ordem, para que não deixem "a jovem senhora Inana ficar morta no mundo

---

73 *Ele que o abismo viu* 6, 82.

74 Dalley, *Myths from Mesopotamia*, p. 160.

75 O leitor poderá observar na página da edição do texto por François Lenormant, de 1873 (figura 1), como, na segunda e terceira linhas da primeira coluna, se encontra o numeral 30, escrito com as três cunhas verticais: nos dois casos, o numeral é precedido pela palavra *mārat* (filha).

76 Apud Lapinkivi, *Ištar's Descent*, p. 36. Bottéro, *La religion mesopotámica*, p. 54, resume essa prática de atribuição de numerais às divindades: "a Ánu se atribui a cifra 60; a Énlil, 50; a Ea, 40; a Sin, 30; a Shámash, 20; a Istar, 15; a Ádad, 6... Semelhante tradução aritmética supõe especulações complicadas de que não temos a menor pista e que nos escapam por completo. Parece-nos ao menos 'normal' que sessenta, número redondo por excelência (segundo a numeração local, décimo-sexagesimal), fosse a cifra atribuída ao chefe supremo da dinastia divina; e que trinta corresponda a Sin, deus da Lua (cifra que lhe servia inclusive de ideograma) e, portanto, 'Senhor do Mês', como era chamado correntemente, mês que, no calendário lunar, único conhecido na região, era constituído regularmente por trinta dias."

inferior"[77]. Isso mostra, como salienta Talon, "que, desde o início, se apresenta Inana como segura de não poder retornar dos infernos sem ajuda externa", configurando-se o entrecho, portanto, como "um jogo, uma maquinação destinada a impulsionar Enki e a modificar, assim, as relações que existem entre o mundo superior e o mundo inferior" — diferentemente do que acontece no poema acádio[78].

O nome do local para onde Ishtar volta os ouvidos, *Kurnugû*, é um empréstimo do sumério, termo composto que tem o significado de 'terra' ('kur') 'sem retorno' ('nu gi_4.a'), ou seja, trata-se do equivalente exato do que se diz no segundo hemistíquio do verso, *qaqqari* (terra) *lā târi* (sem retorno). Conforme Wayne Horowitz, caso, no poema, poeta e leitor levassem em conta o sentido do composto sumério, o primeiro verso seria tautológico, sendo por isso mais razoável admitir que *Kurnugû* era entendido então como um nome próprio, *qaqqari lā târi* tendo a função de esclarecer seu significado[79]. Além de, em termos gerais, remeter ao lugar comum de que os mortos não voltam, estando encerrados no local para o qual foram arrebatados, o que se realça desde essas primeiras palavras é como a descida e o retorno de Ishtar configuram uma situação de todo excepcional — de certa perspectiva, pode-se dizer que ela desce à "terra sem retorno" apenas para retornar, o que coaduna com seu caráter transgressor, que se vai assim delineando desde o início.

O mundo dos mortos recebe, na Mesopotâmia, variada denominação — Kurnugu, Irkállu, Érsetu etc. — como resume Alexander Heidel:

77 *Descida de Inana*, v. 26-72.

78 Talon, Le mythe de la Descente d'Ištar aux Enfers, p. 16. Ele continua, contudo, numa suposição para a qual não há nenhum indício, dizendo que, mesmo que "a versão acádia não faça menção desses episódios (...), eles estão implícitos, pois a sequência da narrativa a eles faz referência".

79 Horowitz, *Mesopotamian cosmic geography*, p. 272-278.

os nomes pelos quais a morada dos mortos era conhecida entre os habitantes da região do Tigre e Eufrates são numerosos. Os versos de abertura da versão suméria da descida de Ištar (sic) ao mundo subterrâneo chama-a de 'kigal', 'o vasto lugar de abaixo', palavra que pode referir-se também ao pedestal de uma estátua. Esse termo é um dos elementos que compõem o nome *Ereškigal*, 'a senhora do vasto lugar de abaixo', isto é, a rainha do mundo inferior. No semítico babilônico [ou seja, em acádio,] ela é encontrada, por exemplo, na expressão *irat kigalli*, 'o peito ou seio do submundo' (...). Uma vez que o lugar onde se ajuntam os mortos está situado dentro da terra, os sumérios se referiam a ele também como 'kur', e os semitas, na Babilônia, como *irṣitu* [ou *erṣetu*] ambos os termos significando 'terra'. 'Kur' é a designação usual para o mundo inferior na recensão suméria da descida de Ištar (sic), enquanto *irṣitu* ocorre, por exemplo, na décima segunda tabuinha da *Epopeia de Gilgāmeš* e no nome *Bēlit-irṣitim*, que, na versão semítica da descida de Ištar, é a designação babilônica para a rainha do mundo inferior. Outros nomes que os babilônios atribuíam ao reino dos mortos eram *irṣiti lā tāri* (em sumério: 'kurnugia' ou 'kurnugi'), 'a terra sem retorno'; *arallû* ou *aralû* (sumério: 'arali'), cuja etimologia ainda permanece obscura; *mūšab irkalla* ou *šubat irkalla*, as duas expressões significando 'sede de Irkalla', ou simplesmente *irkalla* ou *irkallum*; *kūtû*, derivado do nome da cidade babilônica Kutu (a bíblica Cuthah), a cidade sagrada de Nergal, que, como uma divindade ctônica, era o rei do mundo subterrâneo; e 'urugal' (em sumério), com o significado literal de 'a grande cidade'.[80]

Horowitz sugere que *Irkalla/Irkallu(m)* poderia derivar do sumério 'urugal'/'erigal' (grande cidade)[81], mas, observa Lapinkivi, não se conhecem listas léxicas bilíngues que registrem essa correspondência, 'urugal' sendo normalmente traduzido, em acádio, por *arallû*, *erṣetu* e *qabru*, este último termo significando 'túmulo'. Acrescente-se que *irkalla* ocorre em vários textos com ou sem o determinativo divino ('dingir'), o que "sugere que a palavra (...) significa tanto uma divin-

80 Heidel, *The Gilgamesh Epic and Old Testament parallels*, p. 171.
81 Horowitz, *Mesopotamian cosmic geography*, p. 288 e 293.

dade quanto um lugar"[82] — numa lista paleobabilônica sendo ela dada como equivalente de 'Allatu', nome que, por sua vez, corresponde a Eréshkigal[83]. Enfim, as listas bilíngues sumério-acádio insistem na correspondência principal 'kur' = *erṣetu*, ao que se agregam os outros termos empregados nas duas línguas, como *kurnugû* e *irkalla*.

A localização subterrânea da morada dos mortos, ideia compartilhada tanto por sumérios, quanto por acádios, mostra-se, conforme Horowitz, consideravelmente estável durante dois mil e quinhentos anos, correspondendo a uma concepção vertical do mundo, cuja configuração supõe cinco esferas sobrepostas: a) uma região do céu acima do firmamento, onde os deuses celestes têm sua morada; b) o céu estrelado; c) a superfície da terra; d) as águas do Apsû; e) finalmente, o 'Kur'/a *Erṣetu*, o mundo inferior, habitação dos mortos[84]. Todavia, é preciso ressaltar que 'kur' nomeava, no sentido primitivo, as montanhas que, a nordeste, fechavam a planície mesopotâmica, constituindo uma espécie de fronteira natural. Localizar nesse espaço os falecidos implicava afastá-los para um ponto inacessível, "escuro, silencioso, caótico, monstruoso e mortal", o que se poderia obter tanto na representação horizontal de seu reino (sobre a terra), quanto na vertical (sob ela)[85].

A coexistência das duas perspectivas levou Katz a propor que tenha havido, no decorrer do terceiro milênio, algum tipo de mudança na concepção suméria, assim por ela resumida:

---

82 Não deve causar estranheza essa equação entre divindade e lugar. *Apsû*, o primeiro dos deuses, ao lado de Tiamat, nomeia o abismo de água doce que se localiza abaixo da superfície; Tiamat é também o mar, de seu cadáver tendo sido fabricada, por Marduk, a terra (cf. *Enūma eliš* 4, 130-5, 1-155).

83 Lapinkivi, *Ištar's Descent*, p. 36.

84 Veja-se o esquema em Bottéro, Kramer, *Lorsque les dieux faisaient l'homme*, p. 70.

85 Verderame, Aspetti spaziali nella costruzione dell'immaginario infero dell'antica Mesopotamia, p. 38-40.

> O mundo dos mortos (...) estava a certa distância de Sumer e era atingido através de um caminho de comprimento desconhecido, que começava em algum ponto de Sumer. Mas em qual direção ia o caminho? As fontes são muito menos claras sobre isso. Três aspectos são claros: (1) o caminho estava dentro do reino dos mortos, já que não havia retorno; (2) a entrada para o caminho através do túmulo significa pelo menos que ele era subterrâneo; e (3) o fim do caminho estava a uma certa distância, o que significa que o mundo dos mortos, como sede permanente dos espíritos, era uma localidade confinada em algum lugar no reino dos mortos. As diversas fontes dão origem a várias opções: o reino dos mortos (1) ficava diretamente debaixo do solo em toda a sua extensão (...); (2) ficava em profundezas subterrâneas (...); (3) ficava em algum lugar no oeste, onde Shámash [o Sol] se põe, ou na rota a leste; e (4) ficava talvez nos montes Zagros, a nordeste, como sugerido tanto pelo termo 'kur' quanto pela descrição do mundo dos mortos como uma montanha (...). As duas últimas possibilidades não são completamente contraditórias.[86]

A mudança iria de par com a substituição gradual da concepção horizontal do cosmo, em origem suméria, por uma concepção vertical, que tudo leva a crer que se deve à hegemonia dos semitas — que falavam acádio — no sul da Mesopotâmia. Mudanças de imaginário não são, naturalmente, bruscas, de modo que "é razoável admitir que, durante o terceiro milênio, a percepção vertical coexistisse com a horizontal; que a mudança foi o produto da transformação gradual na qual sumérios e semitas transmitiram uns aos outros experiência religiosa; e que ideias sumérias permearam as especulações semitas sobre o mundo dos mortos"[87]. O resultado é que prevaleceu a noção de que ele se localiza sob a superfície terrestre.

De fato, na *Descida de Inana* não se pode ter certeza se a deusa se dirige a uma região abaixo do solo, o movimento que ela perfaz podendo

86 Katz, *The image of the Netherworld in the sumerian sources*, p. 47.
87 Katz, *The image of the Netherworld in the sumerian sources*, p. 54.

corresponder simplesmente a baixar do "grande céu" ('an-gal') à "grande terra" ('ki-gal'). Mesmo que o lugar que ela atinge, o palácio Ganzer, se localize no mundo dos mortos, sendo inacessível e protegido por sete portas, a descrição de sua rota não implica que ingresse num local subterrâneo[88]. De modo diferente, parece que já em *Bilgames, Enkídu e o mundo dos mortos* não há como duvidar de que o palácio Ganzer é concebido como a entrada para uma região subterrânea, pois o que motiva a descida de Enkídu é o fato de terem caído, num buraco no chão, a bola (*pukku*) e o taco (*mukkû*) de Bilgames, o qual, então,

> Com ---- não consegue alcançá-los,
> Usa sua mão, mas não consegue alcançá-los,
> Usa seu pé, mas não consegue alcançá-los.
> À porta de Ganzir, entrada do mundo inferior, ele se assenta,
> Atormentado por soluços Bilgames começa a chorar.[89]

Para aquilatar o quanto a descida de Ishtar é imprópria, saliente-se que a separação absoluta entre o mundo do alto e o de baixo não se aplicaria apenas aos mortais, atingindo também os deuses. Em *Nergal e Eréshkigal* (versão de Tell el-Amarna, datável no séc. XV a. C.), a ação é desencadeada pelo fato de que, os deuses tendo organizado um banquete, era impossível que Eréshkigal dele tomasse parte, pois só divindades mensageiras podiam circular dum espaço ao outro. Assim, não querendo deixar sua irmã totalmente privada da festa, os deuses celestes enviam ao mundo de baixo um mensageiro, que a ela transmite a seguinte ordem:

---

88 Sobre as dificuldades de leitura e interpretação que os versos iniciais da *Descida de Inana* impõem, ver Katz, *The image of the Netherworld in the sumerian sources*, p. 251-256, a qual conclui que a lista de templos que aí se encontra não pretende indicar uma rota para o mundo inferior, mas expõe aquilo que a deusa abandona (o céu, a terra, funções sacerdotais e templos) por seu desejo de ir ao 'kur'.

89 *Bilgames, Enkídu e o mundo dos mortos*, v. 164-168.

ni-i-nu ú-lu nu-[u]r-ra-da-ak-ki
ù at-ti ul ti-li-in-na-a-ši
šu-ú-up-ri-im-ma li-il-qù-ú ku-ru-um-ma-at-ki

Não podemos descer até ti
E tu não podes subir até nós.
Manda alguém para buscar uma parte da comida para ti![90]

Contra esse pano de fundo da radical separação entre os dois mundos, o que a *Descida de Ishtar* parece sugerir é, ao lado da ousadia da deusa, quanto há de extraordinário na possibilidade de que a regra de ordem geral, que constrange homens e divindades, pudesse ser quebrada. De fato, nada se diz em termos de um não retorno de

---

90 Cf. Pettinato, *Nergal ed* Ereškigal, p. 58. Essa instrução se repete, de modo mais elaborado, nos manuscritos de Sultantepe (cerca de 650 a. C.) e Uruk (cerca de 500 a. C.), conforme a edição e tradução do mesmo Pettinato, p. 74:

[ummā attīma ul ša elî]
[ina šattīkima ul tellî ana mahrīni]
[u nīnuma ul ša arādi]
[ina arhīnima ul nurrad ana mahrīki]
[lú.dumu šiprīki lillikamma]
[giš.banšur lipṭur qīštaka limhur]
[mimmû anamdinaššu lušallima] kâšsi.

Poichè tu non puoi salire sopra,
(quindi) nel tuo anno non salirai al nostro cospetto,
e noi non possiamo scendere giù,
(quindi) nel nostro mese non scenderemo al tuo cospetto,
possa un tuo messaggero venire (qui)
e ripulire il deseo ricevendo la tua spettanza:
tutto ciò che io gli darò, egli deve consegnarla integralmente a te. (v. 9-15)

Pettinato (*Nergal ed Ereškigal*, p. 110) julga obscura a referência a "no teu ano" (*ina šattīkima*) e "no nosso mês" (*ina arhīnima*), considerando que o é também para outros estudiosos. Gurney, The Sultantepe Tablets, levanta a hipótese de que "se trata de uma referência a um calendário sagrado, ainda que de significado não aparente" (cf. ainda Chiodi, Rapporto cielo, terra, Inferi nel mondo mesopotamico, p. 199-127).

Ishtar, mas pode-se considerar que a força dos versos iniciais estaria justamente na tensão entre a terra donde ninguém volta e a intenção da deusa, que, mesmo assim, para ela volta os ouvidos.

IV

A TERRA SEM RETORNO

Após a breve introdução, o texto prossegue, desdobrando os traços do Kurnugu (repito abaixo também os três versos iniciais, para que não se perca sua conexão com os seguintes):

ana kurnugê qaqqari lā târi	Ao Kurnugu, terra sem retorno,
Ištar mārat Sîn uzunša iškun	Ishtar, filha de Sin, seus ouvidos voltou,
iškunma mārat Sîn uzunša	E voltou, a filha de Sin, seus ouvidos
ana bīti eṭê šubat Irkalla	À casa trevosa, sede de Irkalla,
ana bīti ša ēribūšu lā aṣû	À casa onde quem ingressa não sai,
ana harrāni ša alaktaša lā tajārat	À trilha aonde quem vai não volta,
ana bīti ša eribūšu zummû nūra	À casa onde quem ingressa é privado de luz,
ašar epru bubūssunu akalšunu ṭiddu	Em que seu sustento é pó, seu manjar é barro,
nūra ul immarū ina eṭûti ašbū	Luz não podem ver, na escuridão habitam,
labšūma kīma iṣṣūri ṣubāt gappi	Seus trajes, como de pássaros, vestimentas de penas,
el dalti u sikkūri šabuh epru	Sobre a porta e o ferrolho camadas de pó,
el talli šuharrātu tabkat.	Sobre a viga silêncio se derrama.

Conforme Erica Reiner, as primeiras palavras de um poema babilônico geralmente descrevem seu protagonista, o que, no presente caso, remete ao Kurnugu, "estabelecendo o mundo inferior como o protagonista da história"[91]. Observe-se que os versos 4-7 são retomadas bastante enfáticas do primeiro, pois, além de desdobrarem os traços do Kunurgu, todos, como aquele, iniciam com a preposição *ana* ('a', 'para'), o que, a

91 Apud Barret, Was dust their food and clau their bread?, p. 20.

par do efeito próprio da iteração (*ana kurnugê* = *ana bīti/ana bīti/ana harrāni/ana bīti*), constitui um reforço das características negativas próprias do Kurnugu, desdobradas em seguida. Toda essa apresentação inicial se faz com versos breves, de entre quatro e seis palavras (o que equivale a dois ou três sintagmas) — a medida mais comum no poema, em que prevalece um ritmo ágil e vivaz[92].

A primeira das características do Kurnugu, sem dúvida, está em ser ele um lugar donde não se volta. Isso, como vimos, já se diz enfaticamente no primeiro verso, quando o segundo hemistíquio reitera o sentido do sumério Kurnugu como *qaqqari lā târi* ("terra em retorno"), provendo o gancho para os versos seguintes, em especial 5-6: "casa onde quem ingressa não sai", "trilha aonde quem vai não volta" — e também para o verso 11: "sobre a porta e o ferrolho camadas de pó", que sugere uma entrada que jamais se abre, os mortos se encontrando confinados, ideia expressa também em *Ele que o abismo viu*, quando se assevera que "o sequestrado e o morto: um é como o outro"[93], bem como na fórmula "porta dos encadeados" (KÁ = *bab kamûti*)[94].

A isso se somam outros dados referentes à terra sem retorno, todos em conformidade com seu caráter telúrico, o que afeta também a

92 Considerando *Ao Kurnugu, terra sem retorno*, observa-se que a maior parte dos versos é composta por entre três e seis palavras (de dois a três sintagmas), o número seis podendo ser tido como uma mediana: assim, há trechos em que se encontram versos de seis para menos palavras, em contraposição a passagens em que se encontram versos de seis para mais (até dez). Parece que versos longos sublinham pontos significativos da narrativa. Do mesmo modo, versos bastante breves têm o efeito de dar a ela vivacidade. A medida métrica na poesia arcaica é o sintagma, o ritmo sendo dado pela alternância entre sílabas tônicas e átonas.

93 *Ele que o abismo viu* 10, 316.

94 Cf. Bottéro, Les morts et l'au-delà dans les rituels en akkadien contre l'action des revenants, p. 197. Para um resumo das características do mundo dos mortos na tradição mesopotâmica, ver Gagneur, La descente aux Enfers; também Fiske, Death: myth and ritual.

natureza e a condição dos próprios mortos. Como se constata, trata-se de local:

- escuro: "casa trevosa", "casa dos moradores privados de luz", "luz não podem ver, na escuridão habitam";
- empoeirado: "pó é seu sustento, barro seu manjar", "sobre a porta e o ferrolho camadas de pó";
- silencioso: "sobre a viga silêncio se derrama", "seus trajes, como de pássaros, vestimentas de penas".

A referência a que os mortos se vestem de penas, como pássaros, parece que se desdobra do silêncio que reina no Kurnugu, o que se explica pelo fato de que, nele, não se ouviriam mais que arrulhos. Em *Nergal e Eréshkigal* parece que se faz referência a isso, quando se afirma que "[... eles arrulham] como pombos"[95].

Essa descrição do Kurnugu corresponde ao que se encontra em *Ele que o abismo viu* — quando, gravemente enfermo, Enkídu tem, em sonho, a visão do mundo dos mortos[96] —, bem como ao que se lê em *Nergal e Eréshkigal*, conforme a edição de Gurney — devendo-se salientar que o texto, neste último caso, é muito fragmentado, a reconstituição dos primeiros versos da coluna III se fazendo com base em *Ao Kurnugu, terra sem retorno*. A presença dos mesmos versos em poemas diversos não deve causar estranheza, pois a poesia mesopotâmica, em geral, valoriza a retomada de lugares comuns, os quais nos indicam que se trata de tradições que conformam uma espécie de teia literária, a intertextualidade constituindo valorizado recurso poético.

---

95 *Nergal e Ereshkigal* 3, 7 (Gurney, The Sultantepe Tablets, p. 114): [... *i-da-mu-mu*] *ki-ma* [*su*]*-um-me.*

96 Cf. *Ele que o abismo viu* 7, 184-192. Há uma pequena variante no verso 11a, de acordo com a edição de George, que sigo aqui, em que se lê: *eli*(ugu) *bīt*[*i*(é) (*ep-ri*) *šá-hur-ra-tu tab-ka-at*, ou seja, "sobre a casa do pó silêncio se derrama". Cito o texto completo mais à frente, ao tratar do sonho de Enkídu.

Sobre a terra dos mortos, afirma-se, em *Nergal e Eréshkigal*, que o deus se dirige

[a-na har-ra-ni ša a-lak-ta]- ša la ta-a-a-rat
[a-na bīti ša a-ši-bu-šu z]u-mu-u nu-ra
[a-šar epru bu-bu-us-s]i-na akal[há] *[-si-i]n ṭi-iṭ-ṭi*
[lab-šu-ma kīma iṣ-ṣ]u-ru ṣu-bat a-kap-pu
[nu-u-ra ul im-ma-ru ina] e-ṭu-ti aš-ba

[À trilha aonde quem vai] não volta,
[À casa dos moradores] privados de luz,
[Em que seu sustento é pó,] seu manjar é barro,
[Seus trajes, como de p]ássaros, vestimentas de penas,
[Luz não podem ver, na] escuridão habitam.[97]

Também no fragmento conservado como apêndice a um poema médio-assírio de louvor a Tiglath-pileser I (LKA 62), que parece o prólogo de uma versão da descida de Ishtar, embora consideravelmente divergente da neo-assíria que aqui se analisa, alguns lugares comuns na descrição do mundo dos mortos se repetem — terra sem retorno, trevosa, coberta de pó:

a-na DINGIR-*tum be-el-ti k[aq]-qí-ri* GAL-*tu[m]*
a-na [d]*15 a- ši-bat qer-bi ir-kal-li*
aš-ri-gi-in-gal be-el-ti kaq-qí-ri GAL-*tum*
a-na [d]*15 a- ši-bat qer-bi ir-kal-li*
É *ir-kal-li ša a-li-ku-tu-šú la ta-a-a-r[u]*
aš-ru nu-ru la šá-kín UN.MES-*šu*
aš-ru mi-tu-su sah-hu-pu ina e-pri
bé-et ek-le-tú MUL *ul ú-ṣa-a*

97 *Nergal e Eréshkigal* 3, 1-5 (Gurney, The Sultantepe Tablets, p. 114). Dos primeiros cinco versos da coluna III conserva-se apenas o fim, sendo eles reconstituídos com base em *Ao Kurnugu, terra sem retorno* (os trechos entre colchetes são os reconstituídos pelo editor).

DUMU.MÍ ^d^*30 ú-zu-un-šá ip-te-ma*
ip-te-ma ú-za-an-ša ú-šá-áš-kín
ša a-li-ku-ú-tú-šá la ta-a-ru-ú

À deusa, senhora da terra grande,
A Ishtar, moradora do centro do Irkállu,
Ashrigíngal, senhora da terra grande,[98]
A Ishtar, moradora do centro do Irkállu:
À casa do Irkállu, à qual quem vai não retorna,
Lugar onde luz não há para seu povo,
Lugar onde seus mortos ficam envoltos em pó,
A casa de trevas, onde estrela não surge,
A filha de Sin seus ouvidos abriu,
Abriu os ouvidos e nela os pôs,
Na qual quem vai não retorna.[99]

Em *Ele que o abismo viu* reiteram-se e ampliam-se esses traços, quando, em sonho, Enkídu vê sua própria morte, assim descrita:

Tudo, amigo meu, que sonho vi esta noite!:
Bramaram os céus, a terra rugiu,
No meio de ambos estava eu de pé,
Havia um moço, sombrio seu rosto,
Ao de Anzu seu rosto era igual[100]
E a mãos de leão as suas mãos, a garras de águia as suas garras.
Pegou-me os cabelos, era forte para mim,
Nele bati e como uma corda de pular ele saltou,
Em mim bateu e como uma balsa me tombou,
Como um forte touro selvagem pisou-me sobre,

---

98 *Ashrigingal é* outra pronúncia de Eréshkigal, "rainha da terra grande", isto é, o mundo dos mortos.

99 Apud Lapinkivi, Ištar's Descent, p. 23.

100 Anzû é uma ave de rapina divina, o pássaro da tempestade, com cabeça de leão, o qual, depois de ter sido infiel a Énlil, tornando-se fonte de males, foi vencido por Ninurta, *como se narra no poema* acádio a ele dedicado. Sua imagem costumava ser colocada nas portas, com função a*potropaica.*

Veneno ele ---- o meu corpo.
(...)
Em mim bateu e em pombo me mudou,
Atou como a um pássaro meus braços,
Pegou-me e levou-me à casa das sombras, sede de Irkalla,
À casa onde quem entra não sai,
À trilha aonde quem vai não volta,
À casa dos moradores privados de luz,
Em que seu sustento é pó, seu manjar é barro,
Seus trajes, como pássaros, vestimentas de pena,
Luz não podem ver, em escuridão habitam,
Sobre a porta e o ferrolho camadas de pó,
Sobre a casa do pó silêncio se derrama.[101]

Também a décima-segunda tabuinha de *Ele que o abismo viu* (que traduz o poema sumério conhecido como *Gilgámesh, Enkídu e o mundo dos mortos*) insiste no silêncio que reina no mundo inferior, o que parece remeter a um estado geral de inanição, ou seja, como observa Kramer, Gilgámesh previne Enkídu com relação a "um certo número de tabus do mundo subterrâneo, contra os quais ele deve precaver-se"[102], a partir do que algumas generalizações poderiam ser feitas: trata-se de um local que não admite forasteiros (já que é terra donde não se volta), silencioso, inodoro, sem luz, sem movimentos, o que se estende mesmo a manifestações emotivas:

Gilgámesh a Enkídu respondeu-lhe:
Se à Érsetu desces,
Meus conselhos consideres tu!
Roupa limpa não vistas:
Como forasteiro reconhecer-te-ão!
Óleo perfumado do frasco não te passes,

---

101 *Ele que* o abismo viu 7, 165-192.

102 *Cf. Kramer, The epic of Gilgamesh and its sumerian sources, p. 21.*

À sua fragância cercar-te-ão!
Tua arma à Érsetu não arremesses,
Os pela arma atingidos rodear-te-ão!
Cetro em tua mão não leves,
Os espectros tremer far-te-ão!
Calçados nos pés não te calces,
Ruídos à Érsetu não se impõem!
A esposa que amas não beijes,
Na esposa que detestas não batas,
O filho que amas não beijes,
No filho que detestas não batas:
O clamor da Érsetu arrebatar-te-á![103]

É preciso ponderar que essa concepção sobre os mortos e seu mundo, que é relativamente coesa, embora possa apresentar variantes no que respeita aos detalhes, depende da ideia de que a existência humana não termina quando se morre, mas supõe dois estados, dos quais o primeiro se apresenta como duplamente limitado, iniciando com o nascimento e tendo seu fim na morte, ao passo que o segundo é ilimitado com relação ao fim, pois, tendo início na morte, não conhece um término. Isso depende de uma concepção da natureza humana como um composto que a morte dissolve, as diversas partes tendo destinação diferente. Com efeito, "uma pessoa viva tem carne (*šīru*), sangue (*damu*), coração (*libbu*), corpo (*zumru*, *pagru*), esqueleto (*eṣemtu*) e inteligência (*ṭēmu*)"[104], mas o mesmo não se observa com relação ao morto, reduzido a simples espectro (*eṭemmu*).

103 Ele que o abismo viu 12, 10-27.

104 MacDougal, Remembrance and the dead in second millenium BC Mesopotamia, p. 117 (11). No *Enūma eliš* 6, 5-8, quando Marduk expõe pela primeira vez seu plano de criar o homem, refere-se ele a "sangue" (*damu*) e ossos (*eṣemtu*): "Sangue condensarei, ossos reunirei/ Farei um *lullû*, homem será seu nome" (*da-mi lu-uk-ṣur-ma eṣ-mé-ta lu-šab-ši-ma/ lu-uš-ziz-ma lul-la-a lu-ú a-me-lu* MU-*šu*). *Lullû* designa em geral o primeiro protótipo de homem criado pelos deuses (Bottéro traduz como "ébauche d'homme", isto é, "rascunho de homem") — o termo *amēlu*, por sua vez, sendo sinônimo de *awīlu* e significando 'homem'.

Ainda que não possamos saber quando e em que local se elaborou a ideia de que a morte não implica o fim da existência, ela já se fazendo presente nos poemas sumérios mais antigos, parece que é justamente para isso que busca fornecer uma explicação o poema babilônico datado no século XVIII a. C. e convencionalmente chamado *Atrahasīs*, isto é, *Super-sábio* (cujo título em acádio é *Inuma ilu awilum*, ou seja *Quando os deuses como um homem*). Nele se narra como, numa situação primordial que dura doze centenas de anos, aos Igígu, deuses menores, competia trabalhar para produzir alimento para os grandes deuses, os Anunnákku. Depois desse período, os Igígu revoltam-se, cercam o palácio dos Anunnákku e instala-se uma crise no mundo divino, solucionada com a proposta de criação da humanidade, à qual deveria ser atribuído o trabalho a que os deuses menores estavam obrigados[105]. Para criar o homem, na assembleia dos deuses, ao deus

> We-ila, que tem *ṭe$_4$-e-ma*,
> Em sua assembleia eles degolaram,
> Em sua carne e sangue
> Nintu misturou argila[106]

e fez com essa argamassa quatorze protótipos de homens, sete machos e sete fêmeas, sendo que, em virtude dessa origem — continua o texto —, o homem tem em sua composição "carne do deus" (*šīr ili*) e

> Na carne do deus *e-ṭe-em-mu* há,
> Vivente seu signo floresce,
> Para que não se esqueça, *e-ṭe-em-mu* há.[107]

105 *Atrahasis* 1, 189 ss.
106 *Atrahasis* 1, 223-226.
107 *Atrahasis* 1, 228-230. Também no *Enūma eliš* o homem é criado a partir da

Eṭemmu nomeia propriamente o 'espectro' de uma pessoa morta (cf., por exemplo, em *Ele que o abismo viu* 12, 20), ou seja, constitui a forma do homem em sua existência *post mortem*, o que se deve, nos termos do *Atrahasīs*, à permanência, nele, do *ṭēmu* do deus sacrificado, isto é, de sua 'previdência', seu 'entendimento', sua 'razão'. Mesmo que a aproximação entre *eṭemmu* e *ṭēmu* seja analógica, pois o primeiro não deriva do segundo, o que parece que se deseja sublinhar é que o *eṭemmu* que permanece é, para dizer desse modo, a própria personalidade do vivo, sua individualidade ou propriedade[108]. Conforme Renata MacDougal, "o sangue divino liga-se à força da vida no homem, da qual provém o *self*": enquanto "a argila (*tiddu*) provê a forma corpórea, a base física da humanidade (...), o sangue do deus provê vida e inteligência (*ṭēmu*)", evocando "a carne (...) tanto o humano mortal, quanto o deus imortal", ou seja, está em causa a dualidade própria da "natureza da divindade do deus, o qual se torna mortal quando violentamente morto", uma parte do homem sendo considerada "imortal, como resultado do elemento divino" e subsistente, "após a morte, como *eṭemmu*"[109].

---

morte violenta de um deus, neste caso Kingu, que havia sido o chefe da revolta dos Igígu contra os Anunnákku: conduzido diante de Ea, este corta-lhe as veias e do seu sangue cria a humanidade (*Enūma eliš* 6, 29-34).

108 Pode-se considerar que eṭemmu seria um equivalente bastante próximo, no grego homérico, de *psykhé* e *eídolon* (cf. *Odisseia* 11, 51 e 83, em que ambos se aplicam a Elpenor), tanto no sentido do que continua no estado de morto, quanto de que a propriedade do vivo não se dissolve, com a observação de que, segundo Circe, só a *psykhé* de Tirésias havia conservado as *phrénes* (capacidades) e o *nóos* (entendimento) depois da morte, enquanto as demais são "sombras" que se agitam (*skiaí*, cf. *Odisseia* 10, 493-495). Cf. Chiodi, in Pettinato, *Nergal ed Ereškigal*, p. 18, "esse 'ser primordial' [o *eṭemmu*], cujo corpo, para os assírios-babilônios, diferentemente dos sumérios, era imaginado como aéreo e impalpável, uma vez tornado prisioneiro dos infernos não pode mais reanimar o cadáver que jaz sobre a terra, nem reunir-se com ele".

109 MacDougal, *Remembrance and the dead in second millenium BC Mesopotamia*, p. 119-120 (13-14). Chiodi acredita que "esse 'fantasma' que vive no homem quando ele está vivo é de origem divina e é isso que permite ao ser humano ser

Uma demonstração de que a propriedade do morto se mantém encontra-se no catálogo presente no já referido poema sumério *Gilgámesh, Enkídu e o mundo dos mortos*, traduzido parcialmente na última tabuinha de *Ele que o abismo viu*, em que se lê o seguinte diálogo dos dois heróis sobre as regras da Érsetu:

Abraçaram-se e beijaram-se,
Conversando e interrogando-se:

Dize, amigo meu, dize, amigo meu,
As regras da Érsetu que viste, dize!

Não te direi, amigo meu, não te direi:
Se as regras da Érsetu que vi te digo,
Tu mesmo sentarás a chorar!

Eu então me assente e chore!

Amigo meu, o pênis que acariciavas e teu coração alegravas,
--- como vestimenta velha vermes o devoram!
Amigo meu, a vulva que acariciavas e teu coração alegravas,
Como uma fenda da Érsetu de terra está cheia!

O senhor disse ai! e à terra jogou-se,
Gilgámesh disse ai! e à terra jogou-se:

Quem um filho tem viste? Vi,
Uma estaca na sua parede está fixada e amargo sobre ela ele chora!

Quem dois filhos tem viste? Vi,
Em dois tijolos senta-se e sua comida come!

---

tal qual", precedendo "a própria existência do homem concreto", como "uma espécie de 'forma', que, com a gestação, se tornará concreta e tangível" (Chiodi, in Pettinato, *Nergal ed Ereškigal*, p. 18). Não conheço, todavia, fonte para essa ideia de que o *eṭemmu* preceda o nascimento, o termo sendo aplicado normalmente apenas para o que resta do morto, ou seja, seu 'espectro'.

Quem três filhos tem viste? Vi,
Num odre suspenso água bebe!

Quem quatro filhos tem viste? Vi,
Como o que uma junta de burros tem seu coração se alegra!

Quem cinco filhos tem viste? Vi,
Como um bom escriba sua mão é hábil,
Com facilidade no palácio entra!

Quem seis filhos tem viste? Vi,
Como um lavrador seu coração se alegra!

Quem sete filhos tem viste? Vi,
Como irmão mais novo de deuses em trono se assenta e ---- ouve!

---- viste? Vi,
Como um bom estandarte está escorado no canto! (...)

Quem uma viga golpeou viste? Vi,
Ai de seu pai e sua mãe! quando arrancam estacas vai de um lado a outro!

Quem a morte de seu deus morreu viste? Vi,
No leito do deus deita e água limpa bebe!

Quem no combate faleceu viste? Vi,
O pai e a mãe a cabeça sustentam-lhe e a esposa à sua face chora!

Quem seu cadáver na estepe jaz viste? Vi,
Seu espectro na Érsetu não descansa!

Quem de seu espectro quem cuide não tem viste? Vi,
Restos da panela, migalhas de pão que na rua jogam come![110]

---

110 *Ele que o abismo viu* 12, 88-153.

O primeiro aspecto a ressaltar nessa visão da Érsetu diz respeito a mais uma privação: a da sexualidade. Ao contrário do que acontece entre os vivos, os mortos não só não se reproduzem, como não contam nem mesmo com orgãos sexuais, o que representa um contraste radical com a esfera presidida por Ishtar. Como afirma Gadotti, Gilgámesh "fica chocado ao ouvir sobre a completa ausência de sexualidade na vida do além", o que serve para sublinhar como "não há remédio para a carência dos que não se reproduziram enquanto vivos", uma vez que "não pode haver coito entre os mortos"[111].

Assim, não é sem sentido que a discriminação principal que se faz entre os espectros diga respeito ao número de filhos, aos quais compete, antes de qualquer outro, prover cuidados, homenagens e oferendas aos mortos. Como resume MacDougal, "mesmo sendo não corpóreo, o *eṭemmu* está estreitamente ligado à presença física dos ossos (*eṣemtu*) (...) e o cadáver, *šalamtu*, tinha de receber cuidados apropriados antes do sepultamento", havendo necessidade de um "cuidado continuado", algo que "está no coração do que conhecemos dos rituais de libações e oferenda de alimentos do *kispum*"[112]. *Kispum* era a denominação dos rituais periódicos dedicados aos mortos de uma família, o que, ao mesmo tempo que representava uma recordação e homenagem aos falecidos, implicava em reafirmação dos laços familiares: "O herdeiro principal herda mais que propriedades na Mesopotâmia", pois "os deveres relacionados com o *kispum* eram parte da herança", cabendo-lhe o "cuidado com os ancestrais da família e com a continuidade da linhagem". Assim, ele "representava a identidade familiar enquanto vivia", o conceito de família suplantando (como acredita ainda

111 Gadotti, *Gilgamesh, Enkidu and the Netherworld and the Sumerian Gilgamesh cycle*, p. 110.

112 MacDougal, *Remembrance and the dead in second millenium BC Mesopotamia*, p. 120 (14).

MacDougal) a "identidade individual – noutras palavras, o sentido do individual estava ligado à identidade familiar como uma unidade conceitual"[113]. Acrescente-se que havia o costume de enterrar os mortos no próprio recinto da casa (como no caso dos túmulos intramuros em Ur), o cadáver sendo posto "em criptas ou sepulturas sob o piso", no seio do lar e separado do mundo exterior. Isso faz com que o defunto esteja bastante presente "na memória da família viva", a realização do *kispum* nesse espaço, "num altar ou numa capela doméstica, ou diante dos túmulos", atualizando "a memória viva do morto"[114]. Ressalte-se, contudo, que, numa carta do período paleobabilônico, relata-se como um pai havia, durante oito anos, realizado o *kispum* para o filho, descobrindo só então que ele não estava morto, mas vivo em algum outro local, o que, conforme Katz, demonstra como "as oferendas ao morto eram feitas também quando não havia túmulo e o local de inumação era desconhecido"[115], os laços de família prevalecendo, portanto, sobre outros critérios[116].

Na lista de Enkídu, o número de filhos parece ter relação com o que se apresenta, pelo menos em parte dos casos: um filho/uma estaca, dois filhos/dois tijolos etc. Mesmo que tudo não seja assim tão

---

113 MacDougal, *Remembrance and the dead in second millenium BC Mesopotamia*, p. 143-144 (37-38).

114 MacDougal, *Remembrance and the dead in second millenium BC Mesopotamia*, p. 146 (40).

115 Katz, *The image of Netherworld in the Sumerian sources*, p. 80, n. 31.

116 Cf. BM 93766, in Soldt, *Letters in the British Museum*, p. 22-23: "A Sin-íddinam fala: palavra de Hammurábi: Sin-usélli trouxe-me à atenção, palavras suas: Meu filho Súkkukum há oito anos desapareceu-me e vivo se estava eu não sabia e como se morto *kispum* oferecia-lhe, (*ki-ma mi-tim ki-is-pa-am ak-ta-as-si-ip-sum*). Agora em Ik-bari, na casa de Íbni-Ea, o cavaleiro e ourives, o filho de Sílli-Shámah, disseram ele estar. A Ik-bari fui e de minha face o esconderam e negaram-me sua presença. Isso trouxe-me à atenção. Assim envio um soldado e este Sin-usélli a ti. Tão logo te chegue, mande um homem de confiança com eles. Que vão eles a Ik-bari e tragam-te Súkkukum, filho de Sin-usélli e Íbni-Ea, que Súkkukum em sua casa oito anos manteve, e eles foram trazidos para Babilônia."

evidente, Dominique Charpin acredita que, "ao contrário do que se possa supor, isso não é uma classificação social: o número de filhos está ligado à ocupação. Os cinco filhos do escriba correspondem aos cinco dedos da mão com os quais ele escreve", enquanto os seis filhos do lavrador remetem aos seis animais usados para puxar o arado[117]. O morto referido depois daquele que tem o destino mais feliz – por ter tido sete filhos – aparece como um dos casos mais desgraçados, não sendo possível recuperar, no texto acádio, quem este dístico tem em vista, mas pelo poema sumério se sabe que quem suporta tal sofrimento é um "eunuco" ('tiru'), ou seja, parece que do arrolamento daqueles que tiveram filhos o foco passa agora para os que filhos não geraram. É significativo que, no mesmo texto sumério, logo após quem teve sete filhos, compareçam, pela ordem, "o homem sem herdeiros", "o eunuco", "a mulher que não deu à luz", "o moço que não desnudou o seio de sua esposa", "a moça que não desnudou o seio de seu marido". Assim, fica claro que a oposição se faz entre os férteis e os inférteis, com vantagens para os primeiros. Importa considerar devidamente esse aspecto, pois o mundo em que Ishtar atua seria então o antípoda do regido por Eréshkigal, como se as demais características deste último, para as quais chamei a atenção – inanição, reclusão, silêncio, escuridão, ausência de movimento, de experiências sensoriais e emotivas –, decorressem, afinal, da privação sexual, ela própria decorrente do fato de o Kurnugu ser a única porção do universo de que Ishtar não pode ser rainha.

Isso posto, é preciso não descurar do fato de que a sorte dos mortos não é uniforme. Ainda que, como em *Ao Kurnugu, terra sem retorno*, a descrição do 'Kur' tenha uma dimensão generalizante, os catálogos de *Bilgames, Enkidu e o mundo dos mortos* e de *Ele que*

117 Charpin, *Reading and writing in Babylon*, p. 65-66.

o abismo viu parecem ter como foco justamente diferenças, no contexto geral em que a condição dos mortos se apresenta sempre como terrível. S. M. Chiodi acredita que ela dependa de quatro fatores: "1) a família, vista em seus múltiplos aspectos; 2) o papel desempenhado pelo defunto no âmbito da sociedade civil; 3) a moralidade (...); 4) o tipo de morte ao encontro da qual foi o homem"[118]. Ela anota, contudo, que o terceiro critério só se aplicaria a um exemplo, "o do mentiroso", do qual se diz: "no mundo inferior a bebida do lugar ----; lama como bebida ele consome"[119]. Comentando o mesmo texto sumério, Kramer entende que "os tipos de mortos selecionados para menção não são particularmente significativos e os sofrimentos e tormentos que se presume que eles sofrem parecem ser não mais que um reflexo superficial dos desejos, esperanças e frustrações do vivos"[120].

Mais recentemente, Barret chamou a atenção para o fato de que as práticas funerárias de enterrar os mortos com objetos cuja função pode ser interpretada como meios de tornar melhor sua existência no além estão em aparente contradição com textos que, como *Ao Kurnugu, terra sem retorno*, sugerem uma igualdade de condições, concluindo que, "numa sociedade em que a especulação teológica refinada tende para um pessimismo com relação ao outro mundo, as pessoas em luto poderiam querer acreditar em algo mais reconfortante, quando estavam de fato enterrando seus amigos ou familiares"; por outro lado, não se deve assumir uma "rígida homogeneidade nas crenças religiosas de uma sociedade", a diversidade podendo decorrer do fato de que, na Mesopotâmia, convivem muitos grupos diferentes em termos de etnias e culturas[121]. Nesse contexto, além dos aspectos

118 Chiodi, in Pettinato, *Nergal ed Ereškigal*, p. 12-13.
119 *Gilgámesh, Enkídu e o mundo dos mortos*, v. 21.
120 Kramer, Death and Netherworld according the Sumerian literary texts, p. 64.
121 Barret, Was dust their food and clau their bread?, p. 55.

já salientados, relativos à condição e às ações das pessoas em vida, Barret convincentemente demonstra como a presença, nos túmulos, de imagens e símbolos relacionados com Inana/Ishtar sugere que a deusa tem um papel considerado relevante nessa esfera:

> Ainda que haja pouca evidência para sugerir que Inana/Ishtar fosse por si mesma capaz de melhorar a sorte dos que a cultuavam, após a morte, pode ser que as pessoas desejassem aludir a Inana/Ishtar em contexto mortuário porque ela havia conseguido o que eles também desejavam conseguir: um escape das sombrias e tristes condições posteriores à morte. A deusa foi libertada de um desconfortável mundo inferior, retornando à vida. O ser humano falecido não poderia esperar uma real ressurreição desse tipo, mas poderia pelo menos esperar escapar da terrível situação apresentada na descrição dos textos sobre a vida no além e conseguir – talvez com a ajuda da constante atenção e oferendas dos descendentes (...) – alguma condição, após a morte, mais desejável.[122]

122 Barret, Was dust their food and clay their bread?, p. 52 (cf. também p. 20).

V

ÀS PORTAS DO KURNUGU

Após os versos iniciais, destinados a prover um cenário para o que se narra, a ação de fato principia com a chegada de Ishtar à porta do Kurnugu. Os versos sucedem-se com agilidade, na sua maioria compostos de apenas quatro palavras (ou dois sintagmas), fugindo desse padrão apenas o décimo-sexto ("*šumma lā tapattâ bābu lā erruba anāku/* Se não abres a entrada, não ingresso eu"), o qual, sendo especialmente longo, produz um efeito também especial, enquanto a prótase da sequência de ameaças que faz a deusa:

ana bāb kurnugê ina kašādīša	À entrada do Kurnugu quando chegou,
pîšu īpūšu iqabbi	Sua boca abriu para falar,
ana atî bābi amātu izzakkar:	Ao guardião da entrada estas palavras disse:
atûmê pitâ bābka	Guardião, eia!, abre tua entrada,
pitâ bābkama lūruba anāku	Abre tua entrada e ingresse eu!
šumma lā tapattâ bābu lā erruba anāku	Se não abres a entrada, não ingresso eu,
amahhaṣ daltum sikkūru ašabbir	Golpearei a porta, os ferrolhos quebrarei,
amahhaṣ sippūma ušbalalkat dalāti	Golpearei o batente e removerei as portas,
ašabbir gišrinnamma ašahhaṭ karra	Quebrarei o umbral e arrancarei a tranca
ušellâ mītūti ikkalū balṭūti	E subirei os mortos para comer os vivos:
el balṭūti ima''idū mītūti.	Aos vivos superar farei os mortos!

Nada melhor para confirmar o caráter invasivo de Ishtar que essa forma de apresentar-se, dando uma ordem já acompanhada de uma ameaça. A mesma estrutura discursiva – "faça você algo, se não fizer, farei isto" – encontra-se na tabuinha 6 de *Ele que o abismo viu*, quando a mesma Isthar, para vingar-se de Gilgámesh, que repudiara sua proposta de casamento, dirige-se a seu pai, o deus Ánu, nestes termos:

Ishtar abriu a boca para falar,
Disse a Ánu, seu pai:

Pai, o Touro dá-me,
A Gilgámesh matarei em sua sede!

Se o Touro não me dás,
Golpearei a Érsetu agora, sua sede,
Pô-la-ei no plano do chão
E subirei os mortos para comer os vivos,
Aos vivos superar farei os mortos![123]

É também a mesma fórmula que se repete em *Nergal e Eréshkigal*, mas, neste caso, quem profere a ordem-ameaça é esta última deusa, quando manda seu vizir Namtar dizer aos seus pares celestes – para que lhe enviem de volta Nergal, o deus que, depois de seduzi-la e com ela dormir seis dias, no sétimo abandonou-a na Érsetu:

Esse deus que aqui mandastes e fez sexo comigo, deixai-o jazer comigo,
Enviai-me esse deus, que ele seja meu marido, que passe a noite comigo.
Fui deflorada, não sou pura, não posso executar os juramentos dos grandes deuses,
Os grandes deuses que habitam o Irkalla.

Se não me mandais esse deus,
De acordo com as ordens de Irkalla e da grande Érsetu,
Subirei os mortos para comer os vivos,
Aos vivos superar farei os mortos.[124]

---

123 *Ele que o abismo viu* 6, v. 92-100.
124 *Nergal e Eréshkigal* 5, v. 5-12 e 21-27.

A ameaça, que se repete nos três casos, mais uma vez numa bela demonstração de como a tradição poética acádia (e mesopotâmica) tece relações intertextuais que conformam uma rede, pode ser interpretada de um modo mais genérico ou mais focado, dependendo de quem se considera que são os mortos que as deusas farão subir, devorar e superar os vivos. É possível entender simplesmente que se trata dos mortos em geral, os quais sempre serão em número mais elevado que os vivos, considerando, inclusive, a aniquilação quase completa da humanidade por ocasião do dilúvio: sua subida à superfície da terra constituiria uma "total subversão da ordem cósmica"[125]. É possível, todavia, entender que se trata pontualmente daqueles mortos "que sofreram morte violenta ou infeliz, ou daqueles a quem foi negado sepultamento ou honras fúnebres", os quais vêm a ser espectros "coléricos e vingativos", que perseguem, agarram, prendem e abusam fisicamente de suas vítimas, ou assediam-nas em sonho[126]. Considerando-se o modo como a ação do poema conclui, com a referência à festa e à subida dos mortos – "No dia em que Dúmuzi suba para mim, a flauta de lápis-lazúli, o anel de cornalina,/ Com ele para mim subam carpideiros e carpideiras,/ Os mortos subam e aspirem o incenso!" –, poderíamos entender que se configuram duas alternativas excludentes: ou Ishtar levará a cabo sua descida ao Kurnugu, a qual desembocará na instituição da subida periódica e pacífica dos mortos na festa a eles dedicada; ou, sendo frustrada a descida da deusa, os mortos é que subirão de forma desorganizada e feroz, para devorar os vivos. Essa última alternativa implica num total rompimento da ordem que atribui a cada um dos seres um lugar apropriado[127].

125 Pettinato, *Nergal ed Ereškigal*, p. 36.

126 Lapinkivi, *Ištar's Descent*, p. 46.

127 Em *Gilgámesh e o Touro do Céu*, a ameaça de Inana, caso não lhe seja dado o Touro, é gritar até fazer com que o céu convirja com a terra, não deixando espaço, portanto, para mais nada.

Isso tem, naturalmente, relação com a representação das portas (*daltu*) que separam o Kurnugu do mundo superior. Trata-se de um elemento com valor cósmico importante, pois tanto é usual a expressão "porta do céu" (*dalat šemê*) quanto "porta da Érsetu" (*dalat erṣeti*), as quais, portanto, separam as três esferas do universo: céu, terra e interior da terra[128]. Observe-se que o texto traz duas palavras próximas, cuja acepção em parte coincide: *daltu*[129], 'porta' em sentido estrito; e *bābu*[130], que pode significar também 'porta', mas, num sentido amplo nomeia o 'portão' da cidade, a 'comporta' de um reservatório de água, um 'respiradouro' (*bāb zīqi*, literalmente 'entrada de vento'), enfim, toda 'entrada' em geral (de um pântano, do *Apsû* etc.)[131]. Essa diferença procurei imprimir na escolha, em português, dos termos "entrada" e "porta", para traduzir *bābu* e *daltu*, respectivamente: Ishtar, de início, ordena que lhe seja aberta a "entrada" do Kurnugu, a qual, naturalmente, se encontra vedada por uma ou mais "portas" (como se vê adiante, são elas sete); na sequência, aparece, então, a ameaça de que "se não abres a entrada (...), golpearei a porta", detalhando-se inclusive as partes que a compõem – o batente ("golpearei o batente), a porta propriamente dita ("removerei as portas"), o umbral ("quebrarei o umbral") e a tranca ("arrancarei a tranca").

---

128 Cf. CAD, s. v., que dá duas acepções principais para *daltu*: 1. 'porta'; 2. 'a abertura de um canal', registrando-se os usos de 'portas do céu' (*dalat šamê*) e 'portas da Érsetu' (*dalat erṣetim*). Não será despropositado lembrar que, insultando Ishtar, Gilgámesh a chama de "porta pela metade que o vento não detém", em *Ele que o abismo viu* 6, 34, o que configuraria uma porta sem serventia.

129 Ou os sumerogramas GIS.IG ou GIS.IG.MES, que se traduzem como *daltu*, no singular e no plural, respectivamente (cf. v. 11 e 18). Anote-se que, nos manuscritos, *daltu* ocorre apenas no v. 17.

130 Ou o sumerograma KÁ, que se traduz como *bābu* (cf. v. 12, 14, 26, 42, 45, 48, 51, 54, 57, 60, 93, 94, 119, 120, 121, 122, 123, 124, 125).

131 Cf. CAD, s.v. *bābu*: 1. abertura, portal, porta, portão, entrada (para uma casa, um prédio ou parte dele, para um palácio, um templo ou parte dele, para uma cidade, para uma localidade cósmica); 2. parte da cidade; 3. abertura de um canal, de um objeto, de partes do corpo; 4. em *bāb ekalli*, fissura umbilical do fígado; 5. abertura, começo (em transferência de sentido).

O porteiro do Kurnugu, que na *Descida de Inana* se chama Bitu ('^{d}bí-ti'), o classificador indicando que se trata de um deus[132], não recebe, no poema acádio, nenhum nome nem qualificação. Ishtar usa a palavra *atû*, que designa em geral o 'porteiro', aquele que controla uma entrada. Esse mesmo termo é usado em *Nergal e Eréshkigal*, embora cada uma das sete portas da Érsetu se digam de um porteiro divino, a saber, pela ordem: ^{d}*Nedu*, ^{d}*Kisar*, ^{d}*Endasurima*, ^{d}*Enrululla*, ^{d}*Endukuga*, ^{d}*Endusuba*, ^{d}*Enugigi.*[133] Enfim, a presença do porteiro e o modo ameaçador usado por Ishtar, quando a ele se dirige, reforçam a absoluta separação entre o mundo da superfície e esse lugar inferior vedado tanto a homens quanto a deuses.

Na *Descida de Inana*, observam-se diferenças importantes com relação a esta passagem: a) o fato de que a deusa tenha chegado às portas do "palácio Ganzer", que é a entrada ou o próprio mundo dos mortos na tradição suméria; b) a ausência de ameaças de sua parte, mesmo que invista ela agressivamente contra a porta; c) as perguntas que o porteiro lhe dirige (quem és? por que vieste?); d) e o modo como ela explica a razão de sua descida, justificando que o que a motiva é a morte do marido de Eréshkigal, Gud-gal-ana[134]:

---

132 O nome era lido anteriormente como Neti (^{d}ne-ti). Sobre essa divergência de leituras, Lapinkivi, *Ištar's Descent*, p. 46.

133 Cf. *Nergal e Eréshkigal* 3, 41-47.

134 Gud-gal-ana significa, literalmente, Grande-Touro-do-Céu, ou seja, a constelação do Touro, em sumério denominada GU$_4$.AN.NA, 'Touro do Céu', o nome em acádio sendo *Alu*. Era a primeira constelação no zodíaco babilônico Veja-se Lapinkivi, *Ištar's Descent*, 47-49. Abusch, Ishtar's proposal and Gilgamesh's refusal, p. 161, chama a atenção para o fato de que se trata do Touro do Céu enviado por Ishtar contra Gilgámesh, em *Ele que o abismo viu* 6, em virtude de o rei ter repudiado sua proposta de casamento; depois de devastar Úruk, o Touro é morto por Gilgámesh e Enkídu, provocando o luto de Ishtar – entendida, assim, como um duplo de Eréshkigal.

Quando Inana chegou ao palácio Ganzer, empurrou agressiva a porta do mundo inferior,
Bateu agressiva na entrada do mundo inferior:
– Abre, porteiro, abre!
Abre, Bidu, abre, estou sozinha e quero entrar.
Bidu, o porteiro-chefe do mundo inferior
Interroga a santa Inana:
– Quem és tu?
– Eu sou Inana, indo para o leste.
– Se és Inana indo para o leste, por que viajaste para a terra sem retorno?
A santa Inana respondeu-lhe:
– Porque o senhor Gud-gal-ana, marido de minha irmã mais velha Erec-ki-gala, morreu; a fim de ter seus ritos fúnebres celebrados, ela oferece generosas libações em sua vigília – essa a razão.[135]

Na opinião de Talon, o que o confronto do poema acádio com a *Descida de Inana* mostra é quanto "o tema dos mortos" se ampliou "no curso da transmissão do texto" e como se lhe deu "uma importância que ele não tinha em sumério"[136]. Se não compete, em sentido estrito, falar de transmissão do texto, já que se trata de duas peças diferentes, é verdade que o interesse pelo mundo inferior se mostra mais destacado em *Ao Kurnugu, terra sem retorno*, isto é, ele demonsta uma intenção explicativa e etiológica mais destacada com relação a vários temas cosmológicos[137].

---

135 *Descida de Inana*, v. 73-89. Todas as traduções que apresento desse texto são feitas da versão para o inglês disponível no *Electronic Text Corpus of Sumerian Literature*, da Universidade de Oxford: <www.etcsl.orinst.ox.ac.uk>.

136 Talon, Le mythe de la Descente d'Ištar aux Enfers, p. 59.

137 Cf. Katz, *The image of the Netherworld in the Sumerian sources*, p. 256.

VI

A COR DO TAMARISCO

A cena que agora inicia introduz a deusa Eréshkigal, à qual a presença de Ishtar perturba tanto que sua face se torna pálida como "tamarisco colhido":

atû pâšu īpušma iqabbi *izzakkara ana rabīti Ištar:*	O guardião abriu a boca para falar, Disse à majestosa Ishtar:
iziz bēltī lā tanaddaašši[138] *lullik zikirki lušanni ana šarrati Ereškīgal.*	Fica aqui, senhora minha, não derrubes! Vá eu, teus ditos repita à rainha Eréshkigal.
ērumma atû izzakkara ana Ereškīgal: *annītumê ahātki Ištar izzaz ina bābi* *mukiltu ša keppê rabûti dālihat* *Apsî mahar Ea abīša*	E ingressou o guardião, disse a Eréshkigal: Eis: tua irmã Ishtar está na entrada, A detentora da grande corda, perturbadora do Apsû defronte de Ea, seu pai.
Ereškīgal annīta ina šemîša *kīma nikis bīni ēriqū pānūša* *kīma šapat kunīnni iṣlimā šaptāša*	Eréshkigal isso quando ouviu, Como tamarisco colhido empalideceu-lhe a face, Como os lábios de uma terrina escureceram-lhe os lábios:
minâ libbaša ublanni minâ *kabtassa ušperdânnīma*	Por que seu coração trouxe a mim e por que suas entranhas perṭurbou por mim?
annītumê anāku itti Anunnakī mê ašatti *kīma akli akkal ṭiddu kīma šikāri ašatti mê*	Eis: eu com os Anunnákki água bebo! Por comida: manjar de barro! por cerveja: água turva!
lubki ana eṭlūti ša ēzibū hīrēti *lubki ana ardāti ša ultu sūn* *hā'irīšina šallupāni*	Chore eu os moços que deixaram as esposas! Chore eu as moças que do regaço de seus maridos foram arrancadas!

138 Leitura conjetural de *ta-na-da-aš-ši*.

u ana šerri lakê lubki ša ina lā ūmīšu ṭardu	E a criança de peito chore eu, que não em seu dia foi despachada!
alik atû pitâšši bābka uppissima kīma parṣī labirūti	Vai, guardião, abre-lhe tua entrada! E faze como nos ritos antigos. (v. 21-38)

Como se vê, o porteiro é que realiza a passagem de Ishtar para Eréshkigal, assumindo a função de mediação entre as duas deusas: é em sua boca, de fato, que o nome da rainha do Kurnugu se introduz na narrativa: "Vá eu, teus ditos repita à rainha Eréshkigal". Diferentemente da técnica comum quando se reporta a mensagem de alguém e apesar do que afirma que fará, o mensageiro não repete os ditos de Ishtar (*zikirki lušanni*), não mais que informando que a deusa se encontra à porta: "Eis: tua irmã Ishtar está na entrada". Nada ele diz, talvez prudentemente, das ameaças que esta fizera de golpear e quebrar as portas, além de subir os mortos para comer e superar os vivos. Contudo, é curioso que qualifique a visitante como "a que detém o grande laço, disturba o Apsû defronte de Ea, seu pai". Este verso, como outros que se põem em pontos importantes, é significativamente longo – nove palavras, quando, em geral, a maioria tem entre três e seis. Como os que o seguem – com a reação física de Eréshkigal – são especialmente breves (quatro e cinco palavras), parece bastante evidente o valor que se quis atribuir a essa dupla qualificação de Ishtar.

Ela é, sem dúvida, em grande parte enigmática. Em primeiro lugar, não se tem certeza sobre o que seria *keppû*, na expressão *mukiltu ša keppê rabûti* (a detentora do grande *keppû*). Conforme Dalley, "a interpretação antiga de *keppû* como 'corda de pular' era baseada em má interpretação de uma cena glíptica e deve ser abandonada". Talvez se trate de "um 'pião' (um cume giratório chicoteado em giros mais rápidos com uma corda), o qual é apresentado em ação na Cachemira, numa escultura mural em relevo do início do primeiro milênio"[139]. Assim, nas duas acepções de *keppû*, o dado comum é um movimento veloz e circular – seja o da corda em volta de quem pula, seja o da corda em volta do pião –, o que sugere o verbo de que o termo deriva, *kepû*, cujos significados são 'dobrar', 'torcer', 'curvar' (para trás), donde, aplicado a Ishtar, 'fazer alguma coisa girar em volta' (?). Que moção é o que se pretende realçar como traço primordial da deusa parece coadunar com o segundo epíteto que lhe aplica o porteiro, *dālihat Apsî* ("perturbadora do Apsu"), o verbo *dalāhu* significando 'disturbar', 'agitar', 'perturbar'.

A referência ao Apsu introduz no entrecho, ainda que indiretamente, o deus Ea, que, a partir do verso 84, terá o importante papel de tornar possível o regresso de Ishtar ao mundo dos vivos[140]. No *Enūma eliš*, Apsu e Tiamat são os deuses primordiais, de que os outros foram gerados, conforme ensina o texto:

> Quando, acima, o céu não tinha nome,
> Embaixo, a terra por nome não fora chamada,
> Apsu, o primeiro, foi genitor deles,
> Mummu Tiamat foi quem os gerou todos.
>
> Suas águas eles por inteiro misturavam:
> Prado não havia, brejo não se enxergava,
> Quando dos deuses nenhum ainda existia,
> E ninguém nome tinha nem fados fixados.[141]

---

139 Dalley, *Myths from Mesopotamia*, p. 130, nota 80.

140 A leitura comparatista de Lapinkivi, que nem sempre considero pertinente, dá grande importância à referência ao *Apsû* neste ponto do poema, por ser ele um dos deuses primordiais, conforme o *Enūma eliš*, tornado, após sua derrocada, a morada de Enki/Ea, ou seja, ele configura o que seria um "oceano de sabedoria" ('ab' = oceano; 'zu' = sabedoria) ou uma "casa de sabedoria" (cf. Lapinkivi, *Ištar's Descent*, p. 51-54).

141 *Enūma eliš* 1, 1-8. Adoto a organização do texto em estrofes de quatro versos proposta por Talon, *The standard Babylonian Creation Myth Enuma Elish*, bem como sua leitura da primeira estrofe.

Os dois nomes próprios, Apsu e Tiamat, remetem a duas espécies de água depois separadas: a água doce, subterrânea, donde procedem fontes e rios – Apsu; e a água salgada do mar – Tiamat[142]. Como em qualquer cosmogonia, o estado primevo só se expõe para ser ultrapassado. Assim, o poema prossegue narrando como, nessa entidade composta por Apsu e Tiamat,

> Criaram-se deuses no interior deles:
> Lahmu e Lahamu surgiram, por nome foram chamados;
> Antes que ingressassem na idade adulta,
> Anshar e Kishar se criaram, que eles mais avantajados.[143]

Anshar, por sua vez, gera Ánu, que gera Nudímmud, um outro nome de Ea (o qual, depois, com sua esposa Damkina, gerará Marduk, que, vencendo Tiamat e tornando-se o rei dos deuses, é o ponto de chegada da narrativa)[144]. Note-se que, em princípio, o par original dá origem a outros deuses sem que lhe caiba nenhuma atividade propriamente criadora ou de fecundação[145]. Logo em seguida, quando o mais novo dos grandes deuses é Ea, Apsu intenta aniquilar sua prole,

142 O nome Mummu, que precede o de Tiamat, é enigmático. Mais à frente, Mummu é o nome do vizir de Apsu, que o aconselha a eliminar sua descendência (*Enūma eliš* 1, 30 ss.). Uma possibilidade é que constitua uma corruptela de *ummu*, 'mãe', o que daria a leitura "mãe Tiamat gerou-os todos" ou então "mãe era Tiamat, que os gerou todos".

143 *Enūma eliš* 1, 9-12.

144 Sobre essa sequência de deuses, ver Seri, The role of creation in *Enūma eliš*, 2012, p. 8-10. Todos estes deuses mais novos já são em alguma medida antropomórficos, seus nomes não remetendo a elementos da natureza, a não ser no caso de Ánu, que é o Céu. Lahmu/Lahamu, cujos nomes significam 'peludo/ser peludo', devem ser entes monstruosos, o que não é incomum quando se trata de personagens cosmogônicos primevos. A própria Tiamat é referida no poema como um *kûbu*, isto é, um 'feto', um 'aborto' (4, v. 136), parecendo ter a forma de um réptil marinho, já que se faz também referência a sua cauda (5, v. 59).

145 Cf. Sonik, Bad king, false king, true king, p. 737.

porque eles agitavam (*da-al-hu*) o interior de Tiamat, perturbando sua tranquilidade e quebrando o silêncio. Ea, então, faz Apsu adormecer pela força de um encantamento, retira-lhe o *riksu* e a coroa, e o mata[146]. Uma vez vencido e morto, Apsu torna-se a morada (futuramente subterrânea) de Ea, ou seja, é a partir de então que – pelo que se pode entender – deixa de estar de algum modo mesclado com Tiamat para adquirir um estatuto próprio, o do lençol de água doce subterrâneo. O fato de que Ea arrebate a coroa de Apsu mostra como se trata de uma sucessão no poder, o mesmo valendo para o *riksu*, que em geral se traduz como 'faixa' (outro signo de realeza)[147], mas também admite o entendimento proposto por Lambert, 'tendão', o que poderia indicar que Ea, ao romper o tendão de Apsu, provoca a dissolução dos vínculos que faziam dele um ente ativo, levando-o a assumir (ou retornar a) uma forma passiva[148].

Nesse contexto é que parece significativo que Ishtar seja apresentada como *dālihat Apsî* ("perturbadora do Apsu"), o qual, em princípio, desde que se tornara a morada de Ea, entende-se que mergulhara em inércia, pelo menos deixando de agir como uma personagem, para assumir a condição de um lugar. Saliente-se que é o mesmo verbo

---

146 *Enūma eliš* 1, 21-69.

147 Cf. Bottéro e Kramer, *Losrque les dieux faisaient l'homme*, p. 607.

148 Cf. Lambert, Mesopotamian creation stories, 2008, p. 38. Destino semelhante é reservado a Tiamat: depois de vencida e morta, Marduk parte ao meio seu cadáver e o utiliza para formar tanto o céu quanto a terra. No alto põe ele a abóbada celeste, dispõe guardiões para impedir que as águas transbordem, constrói uma réplica do Apsu, a qual destina a Ánu, faz surgir as constelações e toma outras medidas. Utilizando em seguida a outra metade de Tiamat para construir a terra, ele põe-lhe por cima da cabeça uma montanha, onde abre uma fonte, faz com que corram de seus olhos os rios Tigre e Eufrates, sobre seus seios assenta montes e curva sua cauda, ao que parece prendendo-a a uma espécie de ponto fixo abaixo do qual está o Apsu e acima do qual se encontra o céu (5, v. 53-62). Os comentários sobre o *Enūma eliš* são tomados, em forma abreviada, de artigo de minha autoria (Brandão, No princípio era a água), publicado na *Revista da UFMG*, em 2013.

dalāhu que é utilizado na passagem do *Enūma eliš* em que se expõe por que Apsu desejava eliminar sua prole: os deuses "agitavam (*e-šu-ú*) Tiamat, seu clamor sendo forte,/ e perturbavam (*da-al-hu-ni-ma*) de Tiamat as entranhas (*karaša*)"[149]. Ora, um requisito importante dos deuses, capaz de desencadear decisões radicais de sua parte, está relacionado com a não perturbação de sua tranquilidade. Paralelamente ao que se passa no *Enūma eliš*, também no *Atrahasīs* o clamor da humanidade não lhes permite descansar de dia e dormir de noite, levando ao envio de flagelos – uma peste, uma seca e, finalmente, o dilúvio –, na tentativa de controlar o crescimento descontrolado do gênero humano. A ação de Ishtar no Apsu, portanto, implica numa sorte de perenização do distúrbio inicial provocado por deuses que se agitam, clamam e perturbam, ou seja, Ishtar, num certo sentido, representa o deus como moção, contra a placidez original da natureza divina.

O mais importante desse entrecho, contudo, é a entrada em cena de Eréshkigal. A primeira informação provida pelo texto é de que se trata de uma rainha, uma vez que o porteiro afirma que repetirá os ditos de Ishtar "à rainha Eréshkigal" (*ana šarrati Ereškīgal*). Como já registrei, seu nome, em sumério, lido também como Ashrigingal, significa literalmente rainha ('erec') da terra ('ki') grande ('gal') – 'kigal', como ocorre na *Descida de Inana*, sendo uma das formas de referir-se ao 'kur'. A mais antiga atestação dessa função real aparece em inscrição em sumério do período paleoacádio (cerca de 2200 a. C.), mandada fazer por Lu'utu, senhor ('ensi') de Umma: nela, a deusa é qualificada como "Eréshkigal, rainha do lugar do pôr-do-sol" ('^{d}ereš-ki-gal nin ki-utu-šu$_4$-ra')[150]. Em *A morte de Ur-Nammu*, que data do período Ur III (cerca de 2100 a. C.), narra-se como o rei Ur-Nammu, tão logo chegou ao mundo dos mortos, ofertou presentes aos deuses

149 Enūma eliš I, 22-23.
150 Apud Katz, *The image of the Netherworld in the Sumerian sources*, p. 352.

de lá, Eréshkigal fazendo parte da lista, com o epíteto de "mãe de Nínazu", o que sugere que ela seria "originalmente uma imagem local da deusa enlutada (como Ninhúrsaga, Lísin e Dúttur) e que Nínazu era originalmente uma encarnação local do jovem deus que morre (como Dámu, Dúmuzi e Ningíshzida)"[151]. É curioso que, nessa lista, o nome de Eréshkigal apareça apenas em terceiro lugar, os dois primeiros sendo ocupados, respectivamente, por "Nergal, Énlil do kur" e "Bilgames, rei do kur" ('lugal-kur-ra'). Todavia, considera Katz, mesmo não sendo assim qualificada, os dons ofertados a Eréshkigal são apropriados a uma rainha: uma túnica real e um objeto para o 'me'[152].

A partir de *A morte de Bilgames* (cerca de 2100 a. C.), a deusa aparece sistematicamente, nas fontes sumérias, como "rainha do kur" ('nin-kur-ra'), bem como, nas acádias, como "rainha da Érsetu" (*šarratu erṣeti*). Na *Descida de Inana* (cerca de 1900 a. C.), como se viu, ela é irmã desta deusa, bem como viúva de Gud-gal-ana (isto é, o Grande-Touro-do-Céu), habitando o palácio Ganzer[153]. Seu esposo, pelo menos a partir de início do segundo milênio, é Nergal, que já aparece em *A morte de Ur-Nammu*, como indiquei acima, como o "Énlil do kur" (Senhor do Kur), sem referência a sua união com a deusa.

Em *Nergal e Eréshkigal* (datado em cerca de 1400 a. C.), que tem evidentes relações intertextuais com a *Descida de Ishtar*, narra-se o modo como a rainha da Érsetu se tornou esposa daquele deus. Retomemos seu enredo: as divindades tendo organizado um banquete, Eréshkigal não tinha como dele participar, porque o trajeto entre o céu e o mundo inferior só poderia ser feito por mensageiros. Em vista disso, Ánu envia uma mensagem à rainha da Érsetu pedindo que

151 Katz, *The image of the Netherworld in the Sumerian sources*, p. 364.
152 Katz, *The image of the Netherworld in the Sumerian sources*, p. 364.
153 *Descida de Inana*, v. 73-89.

mandasse Namtar, seu intendente, para buscar um pouco da comida, o que ela faz. Quando este chega junto dos deuses celestes, é ofendido por Nergal e, de volta, relata a ofensa a sua senhora. Nergal é então enviado por Ea ao mundo inferior, provavelmente para desculpar-se, tendo recebido detalhadas instruções sobre os perigos de aceitar a hospitalidade da Érsetu. Ao chegar ao palácio de Eréshkigal, contudo, ele se deixa dominar pelos encantos da rainha e dorme com ela durante seis dias e noites. Retorna então ao céu, mas Eréshkigal exige (e obtém) sua volta, expressando-se nos seguintes termos (já citados parcialmente antes, mas que vale a pena repetir):

> Eréshkigal abriu sua boca para falar,
> A Námtar, seu ministro, esta palavra disse:
>
> Vai, Námtar ---
> À entrada de Ánu, Énlil e Ea põe tua face
> E diz: quando eu era moça,
> Nunca conheci brincadeiras de donzelas,
> Nunca conheci travessuras de crianças.
>
> Esse deus que aqui mandastes e fez sexo comigo, deixai-o jazer comigo,
> Enviai-me esse deus, que ele seja meu marido, que passe a noite comigo.
> Fui deflorada, não sou pura, não posso executar os juramentos dos grandes deuses,
> Os grandes deuses que habitam Irkalla.[154]

O que ressalta nessa espécie de lamento da deusa é quanto está ela sujeita a privações: não teve nem travessuras de crianças, nem brincadeiras de donzela, bem como não tem nem a antiga pureza, nem um marido que passe a noite consigo, não podendo executar o juramento dos grandes deuses do Irkalla. Conforme observa Daria Pezzoli-Olgiati, apenas Eréshkigal "e seus auxiliares encontram-se lá

---

154 *Nergal e Eréshkigal* 5, 1-12.

[na Érsetu] como seres vivos, mas a vida que levam é fortemente limitada e em nada semelhante à verdadeira vida", em vista justamente das inúmeras privações[155]. É o mesmo tom lamentoso pelo não possuído ou realizado, expresso em versos especialmente longos – de seis a dez palavras –, que marca o primeiro discurso da deusa em *Ao Kurnugu, terra sem retorno*, tão logo o porteiro lhe comunica a presença da irmã:

Eis: eu com os Anunákki água bebo!
Por comida: manjar de barro! por bebida: água turva!

Chore eu os moços que deixaram as esposas!
Chore eu as moças que do regaço de seus maridos foram arrancadas!
E a criança de peito chore eu, que não em seu dia foi despachada![156]

---

155 Pezzoli-Olgiati, Erkundungen von Gegenwelten, p. 244.

156 Bottéro interpreta que essas palavras seriam ditas por Eréshkigal não se referindo a si, mas ao que ela imagina que diria Ishtar, traduzindo o texto assim, com os acréscimos que se encontram entre parênteses, que não existem no original acádio:

Lorsqu' Ereshkigal eut ouï cette adresse,
Son visage blêmit comme um rameau coupé de tamaris
Et, tel un éclat de roseau (?), ses lèvres s'assombrirent!
"Que me veut-elle? Qu'a-t-elle (encore) imaginé?
Je veux banqueter en personne en compagnie des Anunnaki
(Doit-elle se dire);
M'alimenter comme eux de terre
Et m'abreuver d'eau trouble;
Déplorer le destin des jeunes-hommes enlevés à leurs épouses,
Des jeunes-femmes arrachées à leurs maris,
Et bébés expédiés avant leur heure! (Bottéro, Kramer, *Lorsque les dieux faisaient l'homme*, p. 320)

Concordo com Talon que essa proposta de tradução, em parte devida à grande concisão do original acádio, procura responder ao incômodo de não estar explícita, no poema, a motivação da descida de Ishtar. Com a inserção no texto de um "ela [Ishtar] deve dizer-se", Bottéro sugere que a motivação da deusa é o desejo de assumir as funções de sua irmã Eréshkigal (o banquete com os Anunnáki, o consumo da comida e da bebida da Érsetu, o lamento pelos mortos antes da hora). Contudo, deve-se observar que "não

Segundo Oppenheim, não se deve entender que os Anunákki sejam, nesse contexto, os sete juízes do Kurnugu; eles seriam, mais precisamente, os espectros dos mortos chamados de "deuses do mundo inferior". Sobre a classe de mortos pelos quais a deusa afirma chorar – os moços arrebatados das esposas, as esposas que deixaram seus maridos e os bebês mortos prematuramente –, acredita ele que se trata exatamente daqueles "que necessitam de mais atenção" da rainha da Érsetu, do mesmo modo que "era considerado dever do rei mesopotâmico adotar o infeliz ou desprivilegiado"[157]. Se esse raciocínio for correto, pode-se entender que as privações da deusa a tornam especialmente próxima daqueles que se mostram mais privados do que, em seu reino, como já ressaltei, pode redundar em algum conforto: alguma descendência.

As palavras de Eréshkigal são precedidas por duas reações de ordem física, que também implicam em ausência. Quando o porteiro lhe comunica a presença de sua irmã à porta, de imediato

> Eréshkigal isso quando ouviu,
> Como tamarisco colhido empalideceu-lhe a face,
> Como os lábios de uma terrina escureceram-lhe os lábios.

São imagens que indicam profunda perturbação, sendo usadas também em *Nergal e Eréshkigal* para descrever reação de Namtar, quando constata que o viajante que se encontra à porta da Érsetu é Erra (no poema, um duplo de Nergal), o deus que, quando de sua subida ao céu, o havia tratado com desrespeito:

---

há nenhuma ruptura no texto e parece difícil aceitar aqui uma mudança de sujeito. (...) Mais que ver aí a 'triste sorte' que é a de Eréshkigal, trata-se talvez duma evocação dos poderes da Rainha dos Infernos, que ela agita para mostrar seu poder: Ishtar não tem nada a fazer nesse lugar, que foi dado em partilha a Eréshkigal" (Talon, Le mythe de la Descente d'Ištar aux Enfers, p. 17-18).

157 Oppenheim, Mesopotamian Mythologie III, p. 140-141.

Nam-tar il-lik-m[a ina ṣ]i-li giš.ig ip-pa-la-šú èr-ra
ša nam-tar gim ni?-kis giš-šinig 'i-ir-qu pa-nu-uš
gim šap-ti ku-[ni-?]ni iṣ-li-ma šap-ta-šú

Namtar foi para atrás da entrada e espiou Erra:
De Namtar, como um tamarisco cortado, empalideceu-lhe a face,
Como os lábios de uma terrina escureceram-lhe os lábios.[158]

Nos dois casos, um deus da Érsetu experimenta profundo desalento e fúria com uma visita indesejada e que escapa a sua compreensão, como manifesta Eréshkigal ao exclamar: "Por que seu coração (*libbaša*) trouxe a mim (*ublanni*) e por que suas entranhas (*kabtassa*) perturbou por mim (*ušperdânnīma*)?" Note-se que a expressão *libbu/ kabattu wabālum* significa desejar, o que poderia conduzir, nos dois casos, à tradução simplificadora "por que desejou a mim?", "o que quer ela de mim?", em que, contudo, se perderia a expressividade dos torneios de linguagem acádios. A manifestação física de desalento e fúria expressa-se, respectivamente, nas cores do tamarisco – noutros termos, em seu palor – e da borda (os lábios) da terrina (*kuninu*) – ou seja, faz-se ver no escurecimento dos lábios que toma Eréshkigal[159]. Ambos sintomas são provocados pela incompreensão que ela experimenta diante do ato de sua irmã, por princípio não só completamente alheia, como de todo antagônica ao mundo dos mortos. As referências são a cores básicas reconhecidas pelos mesopotâmios: de um lado o verde/amarelo, de outro o negro/azul[160], o fato de alguém tornar-se

---

158 Cf. *Nergal e Eréshkigal* III, 20-22 (ed. Pettinato).

159 *Kuninu* nomeia um recipiente para líquidos, de pedra, metal ou cestaria ligada com betume.

160 Cf. Barret, Was dust their food and clay their bread?, p. 25, "os mesopotâmios reconheciam só quatro cores: branco, vermelho/cornalina, azul/preto, verde/amarelo (...). A conflução de azul com preto explica a descrição frequente de um homem com barbas 'lápis-lazúli' e o uso comum de lápis-lazúli, na arte, para representar cabelos e barbas".

verde/amarelo (*arāqu*), isto é, empalidecer, indicando incapacidade, doença, invalidez, enquanto 'escurecer' (*ṣalāmu*) a face ou os lábios era indício de ira[161].

Finalmente, note-se como o espanto de Eréshkigal corresponde, ironicamente, ao dos comentadores modernos que reprovam o autor do poema por não ter explicitado os motivos da descida da deusa.

161 Sem outras referências, em *Nergal e Eréshkigal* 4, v. 15-20, se afirma ainda que a rainha da Érsetu "empalideceu" (*iṣ-li-ma*) de contrariedade, ao ouvir de Nergal, no sétimo dia que segue aos seis dedicados ao amor, que ele iria embora, mas retornaria à terra sem retorno.

VII

O DESNUDAMENTO DE ISHTAR

A cena seguinte é das mais singulares do poema, tendo seu paralelo na *Descida de Inana*: autorizada pela irmã a entrar em seu reino, Ishtar deve deixar, a cada uma das sete portas, cada um de seus atributos. Após os cinco versos iniciais, especialmente ligeiros – constituídos por quatro e cinco palavras –, a parte principal, o desvestimento da deusa, faz-se com versos longos, de seis a nove palavras, um ritmo lento e, por isso mesmo, solene, bastante apropriado para a descrição dos antigos ritos da senhora da Érsetu. Ressalta, especialmente nos versos relativos ao desvestimento da deusa, a forma hábil como se intercalam os locutores: o narrador, o porteiro e Ishtar. Isso se faz sem o apelo a *verba dicendi*, o que potencializa o efeito da forma poética, constituindo as sete estrofes de três versos um exercício admirável de polifonia:

alik atû pitâšši bābka	Vai, guardião, abre-lhe tua entrada!
uppissima kīma parṣī labirūti	E faze como nos ritos antigos.
illik atû iptašši bāba:	Foi o guardião, abriu-lhe sua entrada:
erbī bēltī Kutû lirīški	Ingressa, senhora minha, Kutu te alegre!
ekal kurnugê lihdu ina pānīki	O palácio do Kurnugu regozije em face de ti!
ištēn bābu ušēribšima umtaṣṣi	À primeira entrada fê-la ingressar e, levando-a,
ittabal agâ rabâ ša qaqqadīša	tirou-lhe a grande coroa da cabeça sua:
ammīni atû tatbal agâ rabâ ša qaqqadīja	Por que, guardião, tiraste a grande coroa da cabeça minha?
erbī bēltī ša Bēlet erṣeti kīam parṣīša.	Ingressa, senhora minha, da senhora da Érsetu assim são os ritos.
šanâ bābu ušēribšīma umtaṣṣi	À segunda entrada fê-la ingressar e, levando-os, tirou-lhe os brincos das orelhas suas:
ittabal inṣabāte ša uznīša	

ammīni atû tatbal inṣabāte ša uznīja
erbī bēltī ša Bēlet erṣeti kīam parṣīša.

Por que, guardião, tiraste os brincos das orelhas minhas?
Ingressa, senhora minha, da senhora da Érsetu assim são os ritos.

šalšu bābu ušēribšīma umtaṣṣi ittabal
erimmāti ša kišādīša
ammīni atû tatbal erimmāti ša kišādija
erbī bēltī ša Bēlet erṣeti kīam parṣīša

À terceira entrada fê-la ingressar e, levando-as,
tirou-lhe as pedras preciosas do pescoço seu:
Por que, guardião, tiraste as pedras preciosas do pescoço meu?
Ingressa, senhora minha, da senhora da Érsetu assim são os ritos.

rebû bābu ušēribšīma umtaṣṣi
ittabal dudinnāte ša irtīša
ammīni atû tatbal dudinnāte ša irtīja
erbī bēltī ša Bēlet erṣeti kīam parṣīša

À quarta entrada fê-la ingressar e, levando-os,
tirou-lhe os broches do peito seu:
Por que, guardião, tiraste os broches do peito meu?
Ingressa, senhora minha, da senhora da Érsetu assim são os ritos.

hamšu bābu ušēribšīma umtaṣṣi
ittabal šibbu aban alādi qablīša
ammīni atû tatbal šibbu aban alādi ša qablīja
erbī bēltī ša Bēlet erṣeti kīam parṣīša

À quinta entrada fê-la ingressar e, levando-o, tirou-lhe o cinto de pedras-de-parturição da cintura sua:
Por que, guardião, tiraste o cinto de pedras-de-parturição da cintura minha?
Ingressa, senhora minha, da senhora da Érsetu assim são os ritos.

šeššu bābu ušēribšīma umtaṣṣi
ittabal šemer qātīša u šēpīša
ammīni atû tatbal šemer qātīja u šēpīja
erbī bēltī ša Bēlet erṣeti kīam parṣīša

À sexta entrada fê-la ingressar e, levando-as,
tirou-lhe as correntinhas das mãos e pés seus:
Por que, guardião, tiraste as correntinhas das mãos e pés meus?
Ingressa, senhora minha, da senhora da Érsetu assim são os ritos.

sebû bābu ušēribšīma umtaṣṣi
ittabal ṣubāt bālti ša zumrīša
ammīni atû tatbal ṣubāt bālti ša zumrīja
erbī bēltī ša Bēlet erṣeti kīam parṣīša

À sétima entrada fê-la ingressar e, levando-a,
tirou-lhe a venerável veste do corpo seu:
Por que, guardião, tiraste a venerável veste do corpo meu?
Ingressa, senhora minha, da senhora da Érsetu assim são os ritos

De novo cabe ao porteiro promover a movimentação da cena, transferindo-a de volta ao limiar, onde deixara Ishtar, a partir do interior do "palácio do Kurnugu", onde deixa agora Eréshkigal, a qual lhe dá a ordem donde se desdobra o episódio ("Vai, guardião, abre-lhe a entrada"). É ainda a ele que cabe dar início ao movimento da deusa para o interior, com as seguintes palavras: "Ingressa, senhora minha..."

Na fala do porteiro surge nova denominação do mundo dos mortos, Kutu ("Kutu te alegre"), que é sinônima de Kurnugu, a julgar-se pelo verso seguinte ("o palácio do Kurnugu regozije em face de ti"). Kutha (atual Tel Ibrahim) é o nome de uma cidade a noroeste de Kish, cujo patrono é Nergal, esposo de Eréshkigal e senhor da Érsetu, como já se viu. Essa localidade é mencionada num encantamento acádio como um local de "encontro dos espectros"[162], o que confirma sua ligação com a terra dos mortos[163].

Desde a abertura do poema, nos versos que descrevem o Kurnugu, consta a informação de que ele é delimitado por portas ("sobre a porta – *daltu* – e o ferrolho camadas de pó"), o que, como salientei antes, tem como intenção expressar uma radical separação do exterior. Agora se detalha que as entradas (*bābu*) são sete, o que não configura propriamente uma contradição, pois a referência inicial a "porta" é feita apenas em termos gerais. As sete portas já se encontram nos poemas sumérios *A morte de Ur-Nammu*, em que o rei oferece presentes a cada um dos sete porteiros[164], e *Descida de Inana*[165], bem como se

---

162 Cf. Lapinkivi, *Ištar's Descent*, p. 57.

163 Concordo com Lapinkivi, *Ištar's Descent*, p. 57-58, que é improvável a hipótese, levantada por G. Buccellati, de que a referência a Kutha possa ser uma alusão à *Descida de Inana*, em que a deusa percorre diferentes cidades em sua ida ao Kur, pela simples razão de que, naquele poema, o ponto de chegada não é, em nenhuma das versões, Kutha (mas, nos diferentes manuscritos, Nípur, Akkad ou Zabalam) – e a cidade não é sequer mencionada em nenhuma das listas dos lugares percorridos por Inana.

164 *A morte de Ur-Nammur*, v. 76.

165 *Descida de Inana*, v. 90-163.

confirmam em textos de diferentes gêneros – assim, uma expressão documentada é *niš da[lat erṣetim si-ba* MIN (= *lu tamâta*), isto é, “ser conjurado pelas sete portas do mundo inferior”[166]. Em *Nergal e Eréshkigal* encontra-se o mesmo número, a cada uma das entradas estando preposto um deus, cujo nome se registra, quando do ingresso de Erra/Nergal naquele espaço:

1-*en* ká *ša* ^{d}ne-du$_{8}$ *ina e-re-bi-ša*
2-*en* ká *ša* ^{d}ki-sar *ina* min
šal-šú ká *ša* ^{d}*en-da-šurim-ma ina* min
4-*a* ká *ša* ^{d}*ne-ru-ul-la ina e-re-bi-šú*
5-*šú* ká *ša* ^{d}*ne-ru-bàn-da ina* min
6-*šú* ká *ša* ^{d}*en-du$_{6}$-kù-ga ina* min
7-*a* ká *ša* ^{d}*en-nu-gi-gi ina* min
i-ru-um-ma ana pal-ki-i kisal-*šú*
ik-mis iš-šiq qaq-qar ma-har-šú

A primeira entrada, de Nedu, tendo passado,
A segunda entrada, de Kishar, tendo passado,
A terceira entrada, de Endashurimma, tendo passado,
A quarta entrada, de Enurulla, tendo passado,
A quinta entrada, de Endushuba, tendo passado,
A sexta entrada, de Endukuga, tendo passado,
A sétima entrada, de Ennugigi, tendo passado,

166 CT 16 13 ii 46 f., apud CAD s. v. *daltum*. Katz, *The image of the Nether World in the sumerian sources*, p. 192, após perguntar como essas sete portas seriam visualizadas, se seriam conectadas com sete muralhas ou se seria apenas uma porta de casa com sete portais, ressalta como “uma muralha nunca é mencionada nos textos” e, “caso as sete portas estivessem postas em sete muros, em um, ou em nenhum, uma entrada de sete portas não tem paralelo nas cidadelas fortificadas do Oriente próximo antigo. Cidades fortificadas tinham não mais que três portas: uma externa, uma no meio e uma no interior”, o que demonstra como as sete portas da *Descida de Inana* constituem um expediente meramente narrativo, que possibilita o desvestimento da deusa.

Entrou na sua vasta corte [de Eréshkigal],
Prostrou-se, beijou o solo em face dela.[167]

Ao passar pelas sete entradas, Ishtar deve despir-se de seus atributos, até se apresentar inteiramente nua. Essa cena, como se viu, tem correspondência na *Descida de Inana*, em que, todavia, se descreve anteriormente como a deusa tomou seus 'me' e se vestiu com o turbante que lhe cobre a cabeça, o chinó posto sobre sua fronte, as contas de lápis-lazúli em torno do pescoço, as contas em forma de ovos sobre os seios, uma vestimenta *pala* condizente com sua dignidade de senhora, o rímel nos olhos que é chamado "deixa o homem vir, deixa o homem vir!", o peitoral chamado "vem, homem, vem!" sobre os seios, um aro de ouro numa mão, uma vara de lápis-lazúli e uma linha de medição na outra[168], o que, conforme Terri-lyn Tanaka, exibe sua identidade como rainha e deusa ligada a sexo e guerra[169]. Parte da indumentária referida aparece também numa

167 *Nergal e Eréshkigal* (versão de Sultanepe/Úruk) 3, 41-49 (Pettinato). No caso da versão do mesmo texto procedente de Tell el Amarna, as portas são quatorze, Nergal tendo deixado em cada uma delas uma das divindades que Ea lhe tinha dado como acompanhantes, a fim de que o protegessem na viagem, a saber: Mutabriqu (quarta porta), Sarabda (quinta) Rabisu (sexta), Tirid (sétima) Idibtu (oitava), Be'ennu (nona), Sidanu (décima), Miqit (décima-primeira), Bel-uri (décima-segunda), Umma (décima-terceira), Libu (décima-quarta). Bottéro (*Lorsque les dieux faisaient l'homme*) traduz assim os nomes conservados: Relâmpago, Polícia, Luz, Pesquisa (?), Asma (?), Grande-Mal, Vertigem, Ataque, Sonambulismo, Febre, Infecção. Conforme Novotny, Were there seven or fourteen gates of the Netherworld?, o número de quatorze se referiria a 'folhas da porta', isto é, cada entrada contaria com duas portas, permanecendo contudo a dificuldade de por que se usa o termo *bābu* e não *daltu* para designá-las. Com relação a isso, é importante ter em conta a nota 15 (p. 28), em que o autor registra a observação que lhe foi feita por G. Wilhem de que há exemplos de entradas (*bābu*) compostas de uma passagem (um vão, uma soleira) externa e outra interna: "com base nesse estilo de arquitetura, Nergal poderia ter posto dois demônios em cada uma das sete entradas, o primeiro demônio do par na porta exterior da estrutura da entrada e o segundo demônio do par na porta interior".

168 Cf. *Descida de Inana* 14-25.

169 Tanaka, *Dress and Identity in Old Babylonian Texts*, p. 20-54.

das canções de amor entre Dúmuzi e Inana: a fim de ir ao encontro de seu noivo, a deusa põe sua vestimenta *pala*, seus braceletes de ouro, suas pequenas contas de lápis-lazúli no pescoço, e pinta seus olhos com *kohl*[170]. A importância de portar vestimentas e insígnias constata-se também em outros textos, como em *Vitória de Inana sobre o Ebih*, em que, preparando-se para a batalha, a deusa se atavia envolvendo-se na "capa real", ornando sua fronte com o "terrível brilho sobrenatural", pondo em seu peito as "rosetas de cornalina", brandindo a "maça heptacéfala" e calçando suas "sandálias (?) brilhantes"[171]. Do mesmo modo, no poema de amor entre os deuses Nabu e Tashmétu, como prelúdio de seu encontro no jardim, o primeiro presenteia a amada com brincos e um bracelete de cornalina – podendo ser que houvesse referência a outros atavios, o que o estado lacunar do texto, neste ponto, impede de saber quais seriam[172].

Vai de par com a importância de vestir-se o desvestimento, como acontece com a mesma Inana, quando, em cada uma das portas, lhe são tirados o turbante, as contas de lápis-lazúli, as duas contas em forma de ovo, o aro de ouro, a vara e a linha de medida, bem como, finalmente, a vestimenta *pala* (sem que o texto indique quando e como a deusa foi despojada – se é que o foi – do chinó e do rímel)[173]. Em *Ao Kurnurgu, terra sem retorno* o porteiro declara reiteradamente que despir-se constitui um ritual (*parṣu*) da rainha da Érsetu, cuja antiguidade fora pouco antes por ela mesma atestada (*parṣī labirūti*, "ritos antigos")[174]. A mesma concepção se repete em *Nergal e Eréshkigal*,

170 Cf. Lapinkivi, *Ištar's Descent*, p. 63.

171 Cf. Bottéro, Kramer, *Lorsque les dieux faisaient l'homme*, p. 221.

172 Livingstone, *Court poetry and literary miscellanea*, p. 36.

173 Cf. *Descida de Inana* 123-163. Conforme Lapinkivi, *Ištar's Descent*, p. 60, os manuscritos não concordam com relação nem à ordem dos atavios com que Inana se cobre (com exceção dos dois primeiros, o turbante e o chinó), nem no que concerne à ordem de como é deles privada.

174 Anote-se que *parṣu*, denominando em geral as obrigações de alguém para com um deus ou um templo, é o termo usado, no contexto do culto a Ishtar, para

quando se explica a Erra/Nergal que ele deve levar consigo objetos (além de um trono, não há como saber quais são os outros, pois o texto se encontra mutilado), os quais lhe são arrebatados a cada porta, na primeira delas tendo-lhe sido tirado um arco (dos demais objetos não se tendo informação, em vista das lacunas do texto)[175]. Pettinato observa que, neste caso, não se trata de presentes levados pelo deus, pois ele os deixa a cada porta[176], o paralelo mais exato sendo com a descida de Ishtar, ou seja, o mais acertado é considerar que uma antiga regra para quem chega à Érsetu seja esse despojamento: são "ritos da Grande Terra" (*par-ṣi šá* ki-*tim* gal-*tú*)[177], nos termos de *Nergal e Eréshkigal*, ou "ritos da Senhora da Érsetu" (*ša Bēlet erṣeti kīam parṣīša*), no caso do poema em análise.

Ora, não só na poesia, como também nas artes visuais, a nudez "é frequentemente associada a um estado de impotência e cativeiro"[178]. Conforme Bahrani, "a tradição de representar desnudos tanto prisioneiros vivos quanto soldados inimigos mortos tem início na escultura de selos de Uruk-Jemdet Nasr (cerca de 3000 a. C.) e continua até o primeiro milênio a. C.", sendo possível que "o desnudamento de prisioneiros fosse uma prática efetiva, vista como um ato de submissão e degradação", ou "uma maneira de prepará-los para a morte"[179]. Do mesmo modo, no *Enūma eliš* a morte de Apsu é precedida pelo

---

indicar o pagamento devido por prostitutas e prostitutos ao templo (cf. Silver, Temple/sacred prostitution in ancient Mesopotamia revisited, p. 655-656).

175 *Nergal ed Ereškigal* 6, 6-27.

176 Pettinato, *Nergal ed Ereškigal*, p. 119.

177 *Nergal e Eréshkigal* 6, 6.

178 Sonik, Bad king, false king, true king, p. 740.

179 Bahrani, Zainab. *Women of Babylon*. London: Routledge, 2001. p. 60. Apud Sonik, Bad king, false king, true king, p. 740. Em Bahrani, The iconography of the nude in Mesopotamia, p. 15, a autora afirma que essa tradição tem início no período paleodinástico III (2600-2334 a. C.), citando como exemplos o Estandarte Real de Ur e a estela de Eannatum de Telloh.

despojamento de seus atributos: depois de fazê-lo repousar por meio de um ensalmo, Ea lhe talha o tendão, arranca sua coroa (*agû*), tira sua aura (*melammu*) – e então amarra-o e mata-o[180]. Em *Ershemma de Dúmuzi e Inana*, antes de ser morto e conduzido ao mundo inferior, os *galla*, entidades daquele reino, ordenam a Dúmuzi: "tira a sagrada coroa de tua cabeça, fica de cabeça descoberta,/ tira a sagrada veste régia de teu corpo, fica nu,/ lança o sagrado báculo de tua mão, fica de mão vazia,/ tira as sagradas sandálias de teus pés,/ fica descalço"[181].

O que a nudez tem de degradante para as culturas do Médio Oriente fica claro tanto em suas próprias tradições, quanto na visão que delas têm os gregos. A Escritura dos hebreus é bastante enfática com relação a isso: na cena do jardim do Éden, a Adão e Eva, depois de comerem o fruto proibido, "abriram-se os olhos" e eles "perceberam que estavam nus", de imediato tendo-se coberto de folhas de figueira entrelaçadas – a vergonha que a nudez representa ficando clara quando Adão se justifica por esconder-se de Iahweh, dizendo: "tive medo porque estou nu, e me escondi"[182]. Nos livros dos *Macabeus*, já em plena época helenística, um dos primeiros motivos evocados para a revolta contra os soberanos Selêucidas estava no fato de que uma parte dos judeus adotou "os preceitos dos gentios", tendo construído, "em Jerusalém, uma praça de esportes, segundo os costumes das nações" – ou seja, um local onde, como era costume entre os gregos, os ginastas se entregavam à prática de esportes nus – e, assim, "restabeleceram seus prepúcios e renegaram a aliança sagrada"[183]. Mas nada mais enfático com relação a isso que a cena em que Noé lança uma terrível maldição contra seu filho Cam, pelo mero fato de ter sido visto nu por ele:

180 Cf. *Enūma eliš* 1, 60-72.
181 In Katz, *The image of the Netherworld in the Sumerian sources*, p. 135.
182 *Gênesis* 3, 7-10 (tradução da Bíblia de Jerusalém).
183 *I Macabeus* 1, 14 (tradução da Bíblia de Jerusalém).

> Noé, o cultivador, começou a plantar a vinha. Bebendo vinho, embriagou-se e ficou nu dentro de sua tenda. Cam, pai de Canaã, viu a nudez de seu pai e advertiu, fora, a seus dois irmãos. Mas Sem e Jafé tomaram o manto, puseram-no sobre os seus próprios ombros e, andando de costas, cobriram a nudez de seu pai; seus olhos estavam voltados para trás e não viram a nudez de seu pai. Quando Noé acordou de sua embriaguez, soube o que lhe fizera seu filho mais jovem. E disse: Maldito seja Canaã. Que ele seja, para seus irmãos, o último dos escravos![184]

De sua parte, os gregos não deixaram de observar o quanto a nudez era ultrajante para seus vizinhos do Oriente: "entre os lídios" – escreve Heródoto – "como entre quase todos os outros bárbaros, ser visto nu traz grande vergonha, mesmo para um homem"[185]. Segundo Tucídides, em épocas mais antigas, os gregos, como os povos da Ásia, usavam indumentária suntuosa, tendo sido os lacedemônios os primeiros a adotar vestimentas mais simples e também os primeiros "que se apresentaram nus e que, despindo-se em público, se ungiram com óleo nas competições desportivas", mesmo que, antes, "até nos jogos olímpicos os atletas lutavam com uma faixa cobrindo-lhes o sexo" – o que, até agora, ainda se usa "entre certos povos bárbaros, principalmente entre asiáticos", os quais, havendo "competições de pugilato e de luta (...), as disputam cingidos"[186]. Com relação às mulheres, a nudez é-lhes ainda mais danosa, conforme o dito que Heródoto põe na boca de Giges: "Quando uma mulher tira a veste, despoja-se ao mesmo tempo do pudor" – tanto que a esposa de Candaules, vista despida pelo mesmo Giges, o põe diante de duas opções: "ou matas Candaules e tens-me a mim e ao reino dos lídios, ou és tu próprio que

---

184 *Gênesis* 9, 20-27 (tradução da Bíblia de Jerusalém).

185 Heródoto, *Histórias* 1, 10, 3 (tradução de José Ribeiro Ferreira e Maria de Fátima Silva).

186 Tucídides, *História da Guerra do Peloponeso* 1, 6, 3-5 (tradução de Anna Lia Amaral de Almeida Prado).

tens de morrer de imediato, para que (...) de futuro não vejas o que não deves. Sim, tem de morrer ou aquele que planeou esta trama ou tu que me observaste nua e fizeste coisas que te não eram lícitas"[187].

É curioso como, para os gregos, o não se envergonhar de apresentar-se nu – pelo menos para os homens – é mostra de civilização, enquanto para os povos orientais denuncia um estágio primitivo, vestir-se adequadamente indo de par com o consumo de alimentos e bebidas produzidos por técnicas apropriadas e com a vida em cidades. No poema sumério conhecido como *A disputa entre o gado e os cereais*, lê-se que a humanidade primitiva não conhecia "o comer pão" e "o vestir roupas", "as pessoas andavam a esmo cobertas de peles", "comiam grama com suas bocas, como ovelhas", "bebiam água de valas"[188]. A forma como Enkídu é inicialmente apresentado na saga de Gilgámesh remete justamente a essa imagem de um "homem primevo" (*lullû amelu*) que vive nu junto dos animais e cujo processo de humanização efetiva e civilização envolve – além da experiência sexual com uma mulher, a meretriz Shámhat, de ouvir as instruções que ela lhe dá sobre a vida na cidade, de comer pão e beber cerveja – também o passar a cobrir-se com as vestimentas que ela lhe fornece, o que se lê precariamente em *Ele que o abismo viu*[189], mas se encontra bem preservado na versão antiga do poema, *Proeminente entre os reis*:

> Tirou ela as vestes,
> Com uma parte vestiu-o,
> Das vestes a outra parte
> Em si mesmo vestiu-a.[190]

---

187 Heródoto, *Histórias* 1, 11, 1-3 (tradução de José Ribeiro Ferreira e Maria de Fátima Silva).

188 Cf. Tigay, *The evolution of the Gilgamesh epic*, p. 202-203.

189 *Ele que o abismo viu* 2, 34-35.

190 Tabuinha da Universidade de Pennsylvania, coluna 2, versos 69-72. Seri chama a atenção para o fato de que revestir-se com roupas confirma, para Enkīdu, a transi-

Tudo isso realça quão significativo é o fato de que Ishtar, passo a passo, seja despojada de suas vestimentas e adornos – ou seja, de seus atributos –, até a completa nudez. Na primeira porta deixa ela a grande coroa, indicadora de seu estatuto de rainha (além de aqui, é como a "majestosa Ishtar" que ela é referida também em *Ele que o abismo viu*)[191]. Nas portas seguintes, são-lhe tirados adereços relacionados com seu caráter sedutor: os brincos, o colar de pedras preciosas, os broches, o cinto de pedras-de-parturição, as correntinhas dos pés e das mãos. Finalmente, na última porta lhe é arrebatada "a venerável veste de seu corpo". O sentido ritual desse desvestimento fica marcado pela repetição, em cada etapa, do mesmo esquema estrófico (o que não tem correspondente na *Descida de Inana*): a) a descrição do narrador (a tal porta o porteiro fê-la entrar e, levando, tirou-lhe algo); b) a pergunta de Ishtar (por que, guardião, tiraste tal coisa de mim?); c) a resposta do porteiro ("Ingressa, senhora minha, da senhora da Érsetu assim são os ritos"). Que cada passo se feche com esta última declaração só faz ressaltar o poder de Eréshkigal e quanto ele, na Érsetu, supera o de sua irmã[192].

Lapinkivi observa que esta cena e a correspondente da *Descida de Inana* levaram vários comentadores a supor a existência de uma crença, entre os mesopotâmios, de que os mortos chegavam nus ao

ção "de uma criatura selvagem para um guerreiro urbano", salientando a importância do lavar-se, ungir-se com óleo e vestir roupas limpas como marcador narrativo, no sentido de indicar que a personagem passou por uma transformação. (Seri, The role of creation in *Enūma eliš*, p. 16).

191 Cf. *Ele que o abismo viu* 6, 6 *et passim*.

192 Talon, Le mythe de la Descente d'Ištar aux Enfers, p. 18, considera que é "espantoso encontrar, na versão acádia, em outras partes tão concisa, a enumeração completa dos atributos de Ištar e a repetição fiel das frases trocadas entre a deusa e o porteiro. Sem dúvida, deve-se ver nisso uma prova da importância dessa passagem. É sem dúvida aqui que termina o primeiro ato, pelo despojamento de Ištar de todos os seus poderes divinos."

Kur/à Érsetu[193], como resume Kramer: "O mundo inferior é governado por imposições e regras divinas, dentre as quais uma de suma importância parece ser que seus habitantes têm de ficar completamente nus"[194]. Mais recentemente, Katz argumentou que não há nenhum indício arqueológico de que os mortos fossem enterrados nus, pelo contrário, eles o eram não só com suas vestimentas, como também com seus adornos e objetos – e mesmo que se considere que as vestes são de material perecível, itens de indumentária não perecíveis, como joias, são encontrados, nas tumbas, postos no que resta dos corpos[195] –, o que, na leitura de Tanaka, indica que as pessoas desejariam preservar tanto sua identidade, quanto sua posição social no mundo dos mortos[196]. Todavia, as práticas de sepultamento não necessariamente precisam justificar o que se encontra nos textos literários e vice-versa, não sendo de esperar que o regime de crenças configure um todo absolutamente coeso, ainda mais quando se considera a longa duração[197].

---

193 Cf. Lapinkivi, *Ištar's Descent*, p. 55, que remete a Jacobsen, *The treasures of darkness*, p. 57; Bottéro, La mythologie de la mort en Mésopotamie ancienne, p. 33-34.

194 Kramer, Death and Netherworld according the Sumerian literary texts, p. 65.

195 Cf. Katz, Inanna's Descent and undressing the dead as a divine law, p. 221-228.

196 Cf. Tanaka, *Dress and Identity in Old Babylonian Texts*, p. 56-57.

197 Assim, da prática que se constata no caso dos chamados túmulos reais de Ur, de época pré-dinástica, em que, além de inúmeros objetos, também pessoas são sepultadas com o morto principal (cf. Woolley, *Ur excavation*, v. II: The Royal Cemetery) – algo testemunhado arqueologicamente apenas nesse local, numa época bem determinada –, um único texto, o poema modernamente conhecido como *A morte de Bilgames*, apresenta um testemunho literário:

> Sua amada esposa [de Bilgames], seu amado filho,
> Sua amada esposa mais velha, sua amada esposa mais nova,
> Seu amado menestrel, camareiro e ---
> Seu amado barbeiro, seu amado ---
> Seus amados criados e servos,
> Seus amados bens ---
> Foram baixados em seus lugares, como se para uma revista do palácio, no meio de Úruk (cf. George, The death of Bilgames, p. 206).

Se, na descida de Ishtar, o desvestimento da deusa parece estar sim relacionado com a deposição de seus poderes ou, pelo menos, de sua identidade como rainha – o mesmo parecendo que acontece também na *Descida de Inana*[198] –, creio, ao contrário do que defende Katz, que tal desnudamento não constitui uma iniciativa pontual de Eréshkigal e seu porteiro, a qual ficaria restrita só a esta ocasião – a chegada de Ishtar à Érsetu –, já que se afirma que o que se perfaz são "ritos antigos" (*parṣī labirūti*), os quais, de alguma forma, devem se aplicar em termos gerais. De qualquer modo, o desnudamento, ainda que não retrate o aspecto do corpo na cova ou dos espectros na Érsetu, pode significar uma espécie de aprestamento para a morte – como no caso dos prisioneiros de guerra –, de tal modo que "a remoção das vestes de Ishtar pode ser vista como uma preparação simbólica para entrar no mundo subterrâneo"[199], acredito que no sentido de que mesmo um deus que penetre no reino de Eréshkigal deve fazê-lo num estado de depauperamento semelhante ao experimentado pelo espectro (*eṭemmu*) dos mortos, a nudez constituindo uma adequada representação disso[200].

---

198 Cf. Lapinkivi, *Ištar's Descent*, p. 56.

199 Bahrani, The iconography of the nude in Mesopotamia, p. 16.

200 No caso grego, a referência mais antiga à nudez dos mortos se encontra em Platão (*Górgias* 523-524a): de início, os homens eram julgados ainda vivos, por juízes também vivos, o que fazia com que fossem mal julgados ("muitos (...) cuja alma é viciosa, estão vestidos em belos corpos, progênies e riquezas (...); os juízes, assim, aturdem-se com isso, ao mesmo tempo em que julgam vestidos, com a alma encoberta por olhos, ouvidos e pelo corpo inteiro", 523c-d); para dar justeza ao julgamento, Zeus determina que, além de acontecer após a morte, "é preciso julgá-los desnudos de todas essas coisas" e "também o juiz deve estar nu, já morto, e perscrutar, com sua própria alma, a própria alma de cada um assim que morrer" (523e, tradução de Daniel Lopes). Com intenção satírica, Luciano de Samósata radicaliza essa sugestão em seus *Diálogos dos mortos*, em especial no décimo diálogo, quando, para entrar na barca de Caronte, os mortos devem deixar o que os torna pesados: os beijos, a beleza, a cabeleira, o rosado das faces e a pele toda de Carmóleo de Mégara, famoso por seus beijos; os adornos, o diadema, a capa, a empáfia e a soberta de Lampico, tirano de Gela; Damásias, o atleta, que já chega nu

Nada mais significativo, nestes termos, que ser a deusa privada, antes de tudo, de sua coroa, a ordem com que se processa o desvestimento parecendo ser o que há de importante, até que se atinge a nudez completa, quando lhe é tirada a "venerável veste de seu corpo" – *ṣubāt bālti ša zumrīša*, literalmente, a 'veste de dignidade de seu corpo', ou seja, a sua veste formal enquanto deusa e rainha, seus paramentos.

Sobre as vestimentas e adereços de que Ishtar se priva, vale ressaltar:

1. a coroa ou tiara (*agû*), além de indicar a condição real de Ishtar/Inana, sugere sua relação com a sacerdotisa *en* (a suma-sacerdotisa), cuja indumentária incluía a tiara (em sumério: 'men'), o rímel nos olhos ('šembi', referido apenas na *Descida de Inana*) e a túnica-*pala* (aqui, *ṣubāt bālti*)[201];
2. os broches (*dudittu*) eram feitos de metal precioso ou de pedras (na *Descida de Inana* eles são chamados de "vem, homem, vem!")[202];
3. as "pedras-de-parturição" (*aban alādi*) de que é feito o cinto (*šibbu*) de Ishtar são amuletos relacionados com o parto (conforme *walādu*, 'dar à luz') – e, segundo William Sladek, seriam equivalentes a *aban erê*, 'pedras de concepção' (conforme o sumerograma 'peš'), ambas as expressões devendo ser lidas como 'pedras que causam a concepção/o nascimento', remetendo, conforme o sentido da primeira expressão (*aban*

(como costumava estar na palestra), deve contudo deixar as coroas e as proclamações por suas vitórias; Cráton deve desfazer-se de suas riquezas, da languidez e da luxúria; o filósofo deve livrar-se, além da roupa, também da barba, da adulação, da vanglória, dos problemas insolúveis, discursos espinhosos, conceitos intrincados, frivolidades, disparates, futilidades e mesquinhez; o orador deve deixar no porto a tagarelice, as antíteses, os paralelismos, os barbarismos e demais fardos dos discursos (tradução de Maria Celeste Consolin Dezotti).

201 Cf. Lapinkivi, *Ištar's Descent*, p. 63.

202 Cf. Lapinkivi, *Ištar's Descent*, p. 64.

erê), a búzios, ou seja, conchas que lembram o órgão sexual feminino, provavelmente esculpidas em pedra[203];

4. assim como a coroa, a túnica era também um símbolo de realeza, em especial a túnica-*pala* (referida na *Descida de Inana*), aqui correspondente a *ṣubāt bālti* (em *A morte de Ur-Nammu* 1, 98, o rei oferece como presente a Eréshkigal "uma pesada vestimenta, uma longa vestimenta de lã, uma túnica-*pala*")[204].

Não é sem importância a ordem em que se referem as partes do corpo da deusa, indo do mais alto ao mais baixo, a ênfase nisso sendo marcada pelo fato de que o primeiro verso de cada estrofe termine com a sequência "*ša*.... *ša*" ("de... sua") e, no final do segundo, se repita a mesma fórmula, agora em primeira pessoa, "*ša*.... *ja*" ("de... minha"), o último terceto pondo em causa o corpo inteiro: *ša zumrīša* ("do corpo seu")/ *ša zumrīja* ("do corpo meu") – o efeito que isso provoca tendo sido mimetizado, em minha tradução, pela posposição dos possessivos, que, assim, como em acádio, aparecem no final dos versos. Na sequência do que se tira da deusa, como num verdadeiro ritual, o foco passa sucessivamente da cabeça (*qaqqadu*) às orelhas (*uznu*), do pescoço (*kišādu*) aos seios (*irtu*), da cintura (*qablu*) às mãos e pés (*qātu* e *šēpu*), numa alternância entre partes do corpo unitárias (cabeça, pescoço e cintura) e duplas (orelhas, seios, mãos/pés), o que provê à sequência um ritmo bem balanceado, demonstrando-se, em especial, a destreza do poeta.

203 Cf. Lapinkivi, *Ištar's Descent*, p. 64.

204 Cf. Lapinkivi, *Ištar's Descent*, p. 63.

VIII

O PODER DE ERÉSHKIGAL

A vunerabilidade de Ishtar fica clara quando, em seguida, "sem ponderar" (*ul immalik*), senta-se ela "acima" (*elēnu*) de Eréshkigal, dando azo ao terrível castigo que esta lhe inflinge:

ištu ullânumma Ištar ana kurnugê ūridu
Ereškīgal īmuršima ina pānīša irūb
Ištar ul immalik elēnušša ušbi

E tão logo Ishtar ao Kurnugu desceu,
Eréshkigal viu-a e em face dela tremeu.
Ishtar sem ponderar acima dela sentou.

Ereškīgal pâša īpušma iqabbi
ana Namtār sukkallīša amātu izzakkar:
alik Namtār liqašši ultu pānījāma

Eréshkigal a boca abriu para falar,
A Namtar, seu intendente, estas palavras disse:
Vai, Namtar, afasta-a de minha face!

šūṣašši šūši murṣī lishupū Ištar
muruṣ īni ana īnīša
muruṣ ahi ana ahīša

Solta sessenta doenças para oprimir Ishtar:
Doença de olhos nos olhos seus,
Doença de braços nos braços seus,

muruṣ šēpī ana šēpīša
muruṣ libbi ana libbīša
muruṣ qaqqadi ana qaqqadīša
ana šâša gabbīšāma ana —

Doença de pés nos pés seus,
Doença de coração no coração seu,
Doença de cabeça na cabeça sua,
Nela toda inteira, nela —

arki Ištar bēltī ana kurnugê ūridu
ana būrti alpu ul išahhiṭ imēru atāna ul ušāra
ardatu ina sūqi ul ušārra eṭlu

Após Ishtar, senhora minha, ao Kurnugu descer,
À vaca o boi não cobria, o asno à asna não emprenhava,
À moça, na rua, não emprenhava o moço:

ittīl eṭlu ina kummīšu
ittīl ardatu ina ahīša

Dorme o moço em sua alcova,
Dorme a moça só consigo.

Pode-se dizer que este é o momento de Eréshkigal no poema, quando se exibe todo o poder que lhe cabe. Ao entrar em cena, como se viu, sua caracterização foi marcada por privações: as em que ela mesma se acha – relativas a comida e bebida –, as que ela impõe à humanidade – os moços que deixam as esposas, as moças arrancadas dos maridos, os bebês prematuramente arrebatados para a Érsetu –, ao que cumpre acrescentar as que dita a Ishtar – seu despojamento conforme os antigos ritos. Mesmo que, de início, como nas passagens anteriores, pareça que irá apenas reagir aos feitos da irmã, tremendo à sua face ("Eréshkigal viu-a e em face dela tremeu" – de medo ou de raiva?)[205], logo, ao que parece motivada por Ishtar assentar-se acima de si, ou seja, acima da rainha do Kurnugu, toma ela as rédeas da ação.

Parece significativo o detalhe ao qual se refere o narrador: Ishtar "não ponderou" (*ul immalik*) e sentou-se (*ušbi*) acima (*elēnu*) da irmã[206], como se pudesse ser mais forte que ela e como se, de fato, tivesse conquistado para si o poder da Érsetu, noutros termos, como se sua invasão tivesse redundado em sucesso. Dizer, contudo, que o fez porque não ponderou, não se aconselhou, não se informou (cf. o sentido do verbo *malāku*), aponta para o estado de privação e inércia

205 Quem se pergunta isso é Lapinkivi, *Ištar's Descent*, p. 65.

206 Há neste ponto uma dificuldade de leitura: o texto diz que Ishtar *elēnušša ušbi* (que traduzi por "acima dela sentou"), mas a forma do verbo deveria ser *ūšib*, sendo necessário supor um erro do copista, talvez motivado pelo que há de enigmático nessa afirmação – Borger, *Babylonisch-Assyrische Lesestücke*, p. 116, apenas anota a forma *šb'ī* (?). Lapinkivi, *Ištar's Descent*, p. 65, refere a proposta de Sladek de que se considere que o verbo seria *šubê'u*, cujo significado é 'correr sobre', o verso devendo, portanto, ser lido assim: "Ishtar, sem reflexão, correu para ela". O mesmo Lapinkivi, contudo, considera não ser necessário levar em conta nenhuma dessas hipóteses, "uma vez que a palavra é uma forma neo-assíria do estativo, usando a metátese das sílabas: *ušbi* < *ušib*", sendo esta a solução que julgo mais acertada.

em que se encontra[207]. Esse estado, cuja preparação foi a longa cerimônia de desvestimento, deixa margem para o ataque de Eréshkigal, na forma das sessenta doenças com que oprime Ishtar.

Como se constata, Eréshkigal não age diretamente, mas o faz por meio de Namtar, a quarta personagem posta em cena e introduzida como o "intendente" (*sukkallu*, 'ministro', 'administrador') da Érsetu, um epíteto comumente atribuído a ele. Seu nome, em sumério, significa 'aquele que decreta o destino', sendo-lhe dados como pais, num encantamento da série *Udughul*, Énlil e a própria Eréshkigal, o que mostra quanto tem ele um posto elevado dentre os deuses da Érsetu[208]. Em *Nergal e Eréshkigal*, como já se viu, é ele que se encarrega de transmitir aos deuses do céu as mensagens de sua rainha, bem como é ele que provoca a descida de Nergal ao mundo inferior, por ter-se sentido ofendido por este deus. Aqui lhe cabe um papel igualmente importante, enquanto alguém capaz de tornar efetiva uma ordem de Eréshkigal: deve ele fazer com que as sessenta doenças atinjam Ishtar.

A forma como as doenças são referidas corresponde a sua denominação comum, inclusive nos tratados de medicina, onde algumas "são simplesmente associadas a partes do corpo, como doença de cabeça, doença de dente, doença de olho, doença de nariz, doença de pé,

207 Talon, Le mythe de la Descente d'Ištar aux Enfers, p. 19, entende que o verso 65 (que ele lê literalmente assim: "Ištar ne réfléchit pas, elle se jeta sur elle") só tem sentido admitindo-se que os sujeitos do primeiro e do segundo verbo são diferentes, o que daria a leitura: "Ištar ne réfléchit pas/n'eut pas le temps de réfléchir, (Ereškigal) se jeta sur elle" ("Ishtar não refletiu/não teve tempo de refletir, (Eréshkigal) lançou-se sobre ela"). Ele justifica sua hipótese dizendo que a leitura sem a mudança de sujeito desconsidera "o fato de que Ishtar está despojada de todo seu poder", o que implicaria em "admitir que ela não compreendeu o sentido das diversas etapas de sua ida aos infernos". Entendo que sua ação irrefletida seja consequência não de um não entendimento do despojamento de seus poderes, mas justamente desse despojamento, no sentido de que a deixa à mercê do poder de Eréshkigal.

208 Katz, *The image of the Netherworld in the Sumerian sources*, p. 390-391.

assim como doença de rim e doença de ânus"[209]. Aqui, das sessenta, são destacadas cinco: doença (*muruṣ*) de olhos, de braços, de pés, de coração e de cabeça – dando-se a entender que sessenta é uma quantidade suficiente para adoentar o corpo inteiro da deusa (*šâša gabbīšā*), essa sendo uma cifra significativa no sistema de numeração babilônico, o primeiro número usado para contar grandes quantidades em base sexagesimal[210]. Pode ser que as afecções sejam referidas aleatoriamente, como simples exemplos, não mais que sugerindo a extensão da lista, como pode ser que haja algum significado na escolha dos cinco órgãos citados. Reiner propõe que tenham relação com as partes do corpo desnudadas nas sete entradas, o que ficaria claro no que concerne à cabeça (de que se retirou a coroa), às mãos e aos pés (desprovidos das correntinhas), mas não no que diz respeito aos olhos e ao coração – a mesma autora sugerindo que o colar de pedras que a deusa trazia no pescoço serviria de proteção aos olhos, bem como os broches que tinha no peito salvaguardariam seu coração[211]. Parece evidente, como já salientei, que a vulnerabilidade que Ishtar apresenta nesta passagem decorre do desnudamento acontecido no episódio anterior – e aqui também, como naquele caso, está em causa o corpo da deusa. Assim, sem que seja necessário buscar uma correspondência perfeita entre as partes do corpo nas duas cenas, o que acredito que os cinco órgãos

---

209 Geller, *Ancient Babylonian Medicine*, p. 4.

210 O sistema numérico babilônico era decimal até 59 e sexagesimal a partir de 60, o que poderia ser o resultado da junção de dois sistemas diferentes adotados pelos povos que se encontram na origem da civilização suméria. Não é difícil supor que a origem do sistema decimal estaria na prática de contar com os dedos das mãos. No caso da contagem sexagesimal, E. F. Robertson acredita que está em causa um outro método de contagem também com o auxílio dos dedos das mãos. Como cada um dos dedos tem três partes (excluído o polegar), as partes estando separadas pelas articulações, pode-se contar até 60 apontando cada uma das 12 partes dos dedos da mão esquerda (sem o polegar) com cada um dos 5 dedos da mão direita. (O'Connor, Robertson, La numeración babilónica)

211 Apud Lapinkivi, *Ištar's Descent*, p. 65-66.

querem expressar é como foi no corpo inteiro – nela toda (*šâša gabbīšā*) – que a Ishtar acometeram doenças: na cabeça, no tronco (isto é, no coração) e nos membros (braços e pernas), podendo ser que os olhos sejam ditos como metonímia para os sentidos em geral.

A forma como se determina que as doenças caiam sobre Ishtar é bastante simples, porém suficientemente enfática – *šūṣašši šūši murṣī*, com intensa iteração de sibilantes (o que busquei de algum modo reproduzir na tradução por "solta sessenta doenças") –, a ênfase prosseguindo nos cinco versos seguintes iniciados por *murṣī* (doença). Que uma enfermidade possa ser imposta a alguém por um deus não deve causar estranheza. Com efeito, o conhecimento medicinal relevado nas fontes sumérias e acádias compreende diagnósticos e prognósticos, fabricação de medicamentos, geralmente compostos por vegetais, e sua indicação para os diferentes tipos de doenças, incluindo a posologia[212], além da realização de intervenções cirúrgicas[213] –, mas não uma etiologia e, em consequência, nenhum tipo de prevenção (baseada em dietética, ginástica ou outros fatores, como se encontram nos tratados de medicina gregos). Isso implica que a origem das doenças é atribuída justamente aos deuses ou a entidades malévolas, o que resulta, com relação a seu tratamento, numa interação extremamente complexa entre o que seria da competência do médico propriamente dito (em sumério: 'azu'; acádio: *asû*) e do exorcista (*āšipu, mašmaššu*)[214], sendo razoável supor que as pessoas recorressem aos dois, até simultanea-

212 Cf. Geller, *Ancient Babylonian Medicine*, p. 22-27.

213 Cf. *O código de Hammurabi* 215: "Se um médico fez em um *awīlum* uma operação difícil com um escapelo de bronze e curou o *awīlum* ou (se) abriu o *nakkaptum* de um *awīlum* com um escapelo de bronze e curou o olho do *awīlum*, ele receberá 10 siclos de prata." Ibidem 218: "Se um médico fez em um *awīlum* uma operação difícil com um escapelo de bronze e causou a morte do *awīlum* ou abriu o *nakkaptum* de um *awīlum* com um escapelo de bronze e destruiu o olho do *awīlum*, eles cortarão sua mão" (tradução de Emanuel Bouzon).

214 Cf. Geller, *Ancient Babylonian Medicine*, p. 43-55.

mente, em busca de alívio e cura. Além de causas que poderíamos entender como 'naturais', o que se aplicaria aos males provocados pelos deuses, como consequência de alguma falta daquele por eles atingido, ou por demônios ou espectros, mesmo sem culpa de suas vítimas, doenças poderiam resultar também de maldições de origem humana ou divina, cumpridas por deuses ou demônios. Assim, no epílogo de suas leis, Hammurabi, dentre outras maldições, pede que a deusa Ninkarrak, a filha de Anum, faça surgir, nos membros de quem não conservar e não cumprir suas prescrições, "uma doença grave, um *asakkum* funesto, uma ferida dolorosa que não pode ser curada, cuja natureza o médico não conhece, que não pode ser acalmada com ligaduras" – em suma, uma doença terrível que, "como a mordida da morte, não pode ser afastada", de modo que o atingido "não cesse de lamentar a sua virilidade até que a sua vida termine"[215]. Diferentemente do que propõe Lapinkivi, não creio que Eréshkigal lance propriamente uma maldição contra Ishtar (como ela faz mais adiante com relação a Asúshu-námir)[216], apenas ordena a seu principal auxiliar, Namtar, que tire a intrusa de sua presença e a atinja com sessenta doenças, numa espécie de reação ao modo de agir indesejado da irmã.

Uma questão importante está em entender o estado em que Ishtar tomba após ser acometida pelas doenças, havendo uma tendência em interpretar que se encontra morta, o que se justificaria pelo fato de, mais à frente, Eréshkigal ordenar que seja ela aspergida com "água da vida" (*mê balāṭi*), tornando possível seu retorno. Essa interpretação fica evidente, por exemplo, até no título que dá Lapinkivi ao poema (mais exatamente, ao "mito"): *The Neo-Assyrian myth of Ištar's descent and resurrection*. Todavia, considero excessivo dizer que o poema trate de um episódio de "morte" e "ressurreição". Essa dedução

215 *O código de Hammurabi*, epílogo, 50 (tradução de Emanuel Bouzon).
216 Cf. Lapinkivi, *Ištar's Descent*, p. 67.

depende de considerar a versão do "mito" na *Descida de Inana*, onde se lê que a deusa foi transformada, pelos Anuna, juízes do Kur, num cadáver, logo pendurado num prego:

> Ela [Inana] levantou sua irmã de seu trono,
> E tomou assento no seu trono.
> Os Anuna, os sete juízes, deram uma decisão contra ela.
> Olharam para ela, um olhar de morte,
> Falaram contra ela, uma fala de ira,
> Gritaram para ela, um grito de culpa.
> A mulher enferma transformou-se num cadáver,
> O cadáver foi pendurado num prego.

Ora, há pelo menos dois tipos de problemas na interpretação do enredo de *Ao Kurnugu, terra sem retorno* em termos de "morte" e "ressurreição". O primeiro é considerar que lidamos apenas com versões do mesmo "mito" e não com dois poemas em sua inteireza, buscando na *Descida de Inana* o que falta aqui. Assim, Talon não tem dúvidas em propor que

> Ishtar é, portanto, reduzida a nada desde sua chegada, como na versão suméria, ainda mais explícita: "Inana foi transformada em cadáver, numa peça de carne podre, que se pendura num prego". Com efeito, aqui estamos diante de um dos momentos cruciais do mito e a interpretação que se dará dele dependerá fundamentalmente do papel geral que se atribuirá a Ishtar. Essa deusa, que se vê frequentemente agir num sentido destrutivo da ordem estabelecida, provocando a instituição de novas estruturas pela intervenção estabilizadora de Ea/Enki, pode ser compreendida como agindo senão por impulsos, sem refletir? Todo o contexto do mito mostra, ao contrário, que ela tomou precauções prévias, sem as quais está perdida. Se Ishtar ignorava que seria despojada de seus poderes, por que então preparou cuidadosamente o itinerário de Nínshubur (papel atribuído a Papsúkkal no texto acádio), sabendo muito bem que a única intervenção com que poderá contar será a de Enki?[217]

---

217 Talon, Le mythe de la Descente d'Ištar aux Enfers, p. 19-20.

Como se vê, a leitura do "mito" em vez dos poemas provoca confluções que me parecem despropositadas, como a declaração de que Ishtar "preparou cuidadosamente o itinerário de Nínshubur", o que, como se sabe, acontece apenas na *Descida de Inana* – na mesma direção seguindo Oppenheim, ao afirmar, por exemplo, que "o cadáver da deusa [Ishtar], atingido por sessenta doenças, estava pendurado numa estaca"[218]. Concordo com Talon que, nesta passagem, "estamos diante de um dos momentos cruciais" do enredo de *Ao Kurnugu, terra sem retorno*, sem necessidade de, como ele faz, apelar para o "mito", que remete para uma substância difícil de tocar, a qual constituiria uma espécie de fundamento e antecedente dos poemas. A atitude mais prudente me parecer ser considerar que os dois textos são diferentes – e são diferentes porque têm escopos diferentes. Como já salientei, sem dúvida a *Descida de Inana* está mais relacionada com um entrecho que diz respeito apenas à deusa (num certo sentido, seu enredo seria, por isso, mais "mítico"), enquanto *Ao Kurnugu, terra sem retorno* sugere uma abrangência maior (uma intenção etiológica), pela importância que empresta ao mundo dos mortos, o que ressalta desde a abertura do texto, como também pelo relevo que põe, neste passo, nas consequências, no mundo dos vivos, da descida da deusa.

---

218 Oppenheim, Mesopotamian Mythologie III, p. 136. Kramer, Ishtar in the Nether World according to a new Sumerian text, p. 19, ao resumir o poema acádio, refere apenas que "Eréshkigal ordenou que seu mensageiro Namtar trouxesse contra a deusa nua sessenta doenças"; mais à frente, contudo (p. 20), ao resumir o que é comum aos dois poemas, fala da "morte" da deusa: "Só no delineamento mais geral da estória as duas [versões] concordam: a deusa desce ao mundo inferior, passa as sete portas, em cada uma das quais uma vestimenta ou ornamento lhe é removido, é levada à morte ao comando de Eréshkigal, é salva pelos esforços do sábio Enki (o semita Ea) e ascende de novo à terra". Também Pezzoli-Olgiati, Erkundungen von Gegenwelten, p. 245, afirma que Ishtar "é atingida por 60 doenças e morre". Esse é um entendimento comum, que resulta da conflução dos dois textos num mesmo "mito".

Para fazer mais claro o que afirmei, observe-se que a sintaxe do episódio do poema sumério compreende três movimentos: a) o fato de Inana desalojar a irmã e assentar-se no seu lugar; b) as ações dos Anuna contra Inana; c) o resultado disso: a transformação da deusa num cadáver. Esses movimentos corresponderiam, em *Ao Kurnugu, terra sem retorno*, também a três sequências narrativas: a) a deusa se assenta desavisadamente acima de sua irmã; b) a ação de Eréshkigal contra Ishtar, impondo-lhe as sessenta doenças; c) o resultado disso: a cessação da libido sexual no mundo dos vivos. Parece bem claro o contraste entre um resultado que põe em causa tão somente Inana, com sua transformação num cadáver, contra uma perspectiva de ordem geral que tem em vista, como consequência da descida de Ishtar, o perigo de que, sobre a terra, tenha fim o desejo sexual e, decorrente disso, todo processo de procriação.

Assim, nada se diz sobre o resultado das sessenta doenças no corpo de Ishtar, o que, a seguir a letra do texto, implica admitir que ela permanece, no Kurnugu, simplesmente enferma, isso bastando para as consequências de ordem geral. E essas se explicam com meridiana clareza:

Após Ishtar, senhora minha, ao Kurnugu descer,
À vaca o boi não cobria, o asno à asna não emprenhava,
À moça, na rua, não emprenhava o moço:

Dorme o moço em sua alcova,
Dorme a moça só consigo.

No jogo que vai dum texto a outro à caça do "mito", Talon afirma que "esse detalhe" – ou seja, o que se expressa nos versos acima –, "que parece ausente, ou subentendido, na versão suméria, é explícito em acádio"[219]. Ora, sem a necessidade de recorrer a subentendidos

219 Talon, Le mythe de la Descente d'Ištar aux Enfers, p. 20.

num ou noutro poema, parece que aqui a causa da cessação da atividade sexual entre animais e homens é não a morte de Ishtar, mas simplesmente seu ocultamento, conforme o verso que abre a sequência: "após Ishtar (...) ao Kurnugu descer..." A descida, por si mesma, já é suficiente para provocar as consequências descritas. As doenças parecem então expressar a impotência da deusa em providenciar seu próprio retorno. De outra perspectiva, as doenças demonstram a força de Eréshkigal, a qual como que impõe ao mundo superior um traço bastante característico do inferior: a ausência de sexualidade, pelo menos entre os mortos[220].

Por fim, é significativo que referências ao poder de Eréshkigal ultrapassem a civilização mesopotâmica e o mundo da escrita cuneiforme, ocorrendo em papiros gregos datáveis no século III d. C., com conteúdo ligado a magia. Assim, num destes documentos lê-se: "O nome de Hécate Eréskhigal, contra o medo de castigo: se ele vem, diz-lhe: eu sou Eréskhigal, que domina os polegares, e um mal a ela acontecer [não] pode". Continua o mesmo texto: "Se perto estiver de ti, pegando o calcanhar direito, corre, dizendo: Eréskhigal virgem, cadela, serpente, fita, chave, caduceu, sandália áurea da senhora do Tártaro – e faz a súplica"[221]. O caráter subterrâneo da deusa mantém-se nesse contexto, como num feitiço destinado a seduzir uma mulher, no qual, depois de atar dois bonecos com atributos masculinos e femininos, envolvendo-os com fios e dando à sua volta 365 nós, de invocar Abraxas, "o que ata", e de pôr os bonecos junto de um túmulo de alguém morto prematuramente, deve-se recitar: "Ofereço-vos esta atadura, deuses ctônicos Yesemigadon e Core Perséfone Eréskhigal

---

220 Ainda que em *Nergal e Eréshkigal* se narre como esses dois deuses fizeram sexo durante seis dias e seis noites, essa não parece ser a regra geral da Érsetu.

221 Apud Perea Yébenes, Una reminiscencia babilónica em época romana imperial, p. 153.

e Adônis o Barbarita, Hermes ctônico, Toouth (...) e Anúbis poderoso *psirinth*, o que as chaves tem dos que estão no Hades, deuses e demônios ctônicos, homens e mulheres mortos fora de hora, moços e moças, pelos anos, meses de meses, dias de dias, horas de horas"[222]. Note-se como permanece a relação de Eréshkigal – mencionada dentre outros deuses ctônicos – com os que faleceram antes da hora, bem como tem relevância sua ligação com trabalhos na esfera amorosa. Como resume Perea Yébenes, ela "só aparece em rituais de morte e de magia negra, ainda quando o plano de fundo do feitiço seja amoroso"[223].

Não deixa de ser curioso que ela se tenha especializado, com o tempo, nessa última esfera – o amor – que, no nosso poema, era a de Ishtar.

---

222 Apud Perea Yébenes, Una reminiscencia babilónica em época romana imperial, p. 155.

223 Perea Yébenes, Una reminiscencia babilónica en época romana imperial, p. 157. Para outros exemplos, consulte-se o mesmo trabalho. É razoável supor que o apelo a Eréshkigal no campo da magia se tivesse devido justamente aos magos caldeus, cujo poder era bastante reputado e cuja ação era muito requisitada na Antiguidade.

IX

O PLANO DO CORAÇÃO DE EA

A crise mundana instalada pela ausência de Ishtar está na origem do movimento seguinte, quando uma nova personagem, Papsúkkal, intendente dos grandes deuses, apela pela ajuda de Sin e de Ea:

Papsukkal sukkal ilāni rabûti quddud appašu	Papsúkkal, intendente dos grandes deuses, baixou o nariz,
karru labiš malê nāši	De luto vestiu-se, desgrenhado se pôs,
illik anhiš ina pān Sîn abīšu ibakki	Veio cansado, em face de Sin, seu pai, chorava,
ina pān Ea šarri illakā dimāšu:	Em face de Ea, o rei, vinham-lhe as lágrimas:
Ištar ana erṣeti ūrid ul īlâ	Ishtar à Érsetu desceu, não voltou,
ultu ullânumma Ištar ana kurnugê ūridu	E tão logo Ishtar ao Kurnugu desceu,
ana būrti alpu ul išahhiṭ imēru atānu ul ušārra	À vaca o boi não cobre, o asno à asna não emprenha,
ardatu ina sūqi ul ušārra eṭlu	À moça, na rua, não emprenha o moço:
ittīl e□lu ina kummīšu	Dorme o moço em sua alcova,
ittīl ardatum ina ahīša	Dorme a moça só consigo.
Ea ina emqi libbīšu ibtani zikru	Ea, em seu sábio coração, concebeu um plano
ibnīma Aṣûšu-namir assinnu:	E criou Asúshu-Námir, um prostituto:
alka Aṣûšu-namir ina bāb kurnugê	Vai, Asúshu-Námir, para a entrada do
šukun pānīka	Kurnugu volta tua face,
sebet bābī kurnugê lippetû ina pānīka	As sete entradas do Kurnugu se abram a tua face!
Ereškigal līmurkāma ina pānīka lihdu	Eréshkigal te veja e a tua face regozije:
ultu libbaša inūhhu kabtassa ippereddû	Quando o coração dela se acalma, suas entranhas abrandam,

tummešīma nīš ilāni rabûti[224]	Conjura-a pelos grandes deuses,
šuqqi rēšīka ana halziqqi uzna šukun:	Levanta a cabeça, para o odre os ouvidos volta:
ē bēltī halziqqu lidnūni mê	Ó senhora minha, o odre me deem, água
ina libbi lultatti	de seu coração eu beba!
Ereškīgal annīta ina šemîša	Eréshkigal, quando isso ouviu,
tamhaṣ pēnša taššuka ubānša:	Bateu na coxa e mordeu o dedo:
tēteršanni erištu ša lā erēši	Fizeste-me um pedido que não devias,
alka Aṣûšu-namir luzzirka izra rabâ:	Vem, Asúshu-Námir, amaldiçoar-te-ei com grande maldição:
akli epinnēt āli lū akalka	Pão do arado da cidade seja tua comida,
habannāt āli lū maltītka	O esgoto da cidade, teu vaso de bebida,
ṣillī dūri lū manzāzūka	A sombra da muralha seja o teu posto,
askuppātu lū mušabūka	A soleira da porta, o teu domicílio,
šakru u ṣamû limhaṣū lētka	O bêbado e o sedento batam-te a face!

Papsúkkal é uma divindade menor, que exerce a função referida no texto: "intendente dos grandes deuses" (*sukkal ilāni rabûti*) – tendo sido assimilado ao sumério Nínshubur[225]. Enquanto *sukkal* ('ministro', 'administrador'), ele é, portanto, um correlato de Namtar, sendo, no plano celeste, em que é associado com a constelação de Órion, o mesmo que aquele no mundo inferior – porém com maior ênfase, posto que se relaciona com os "grandes deuses" e tem inscrita em seu nome próprio sua honrosa função. Papsúkkal costuma ser representado como uma figura antropomórfica, com barrete pontudo e longa vestimenta, numa posição de atenção, como esperado de um intendente[226]. Ainda que corresponda a Nínshubur, em termos gerais, e tenha uma função semelhante à que

224 O manuscrito de Assur apresenta mais um verso após este, muito mutilado: "[...] *ba-a-na-at* [...] x šà.tùr".

225 O nome acádio de Nínshubur é Il-abrāt. Em princípio, seria uma divindade diferente de Papsúkkal, mas ambos eram tidos como ministros dos deuses em geral (cf. Black, Green, *Gods, demons and symbols of ancient Mesopotamia*, p. 141).

226 Cf. Black, Green, *Gods, demons and symbols of ancient Mesopotamia*, p. 141.

tem este na *Descida de Inana* – provocar a volta da deusa –, seu papel é bastante diferenciado, pois cabe-lhe, sem maiores instruções, perceber a anomalia provocada pela descida de Ishtar e tomar, por si mesmo, as providências adequadas para solucionar a crise.

Papsúkkal é a terceira personagem a quem compete um estatuto de deuteragonista, após o porteiro e Namtar, incumbindo-lhe confirmar que a ação escapou do mundo inferior. De fato, depois de o narrador tê-la trazido de volta, ao relatar as consequências do ocultamento de Ishtar para animais e homens, construindo um cenário desolador, é Papsúkkal o primeiro a mover-se nesse contexto: curva a cabeça – literalmente, abaixa o seu nariz (*quddud appašu*), o que é uma expressão de luto –, veste-se de forma desolada e segue com os cabelos despenteados – mais outras mostras de luto. Os signos e rituais destinados a expressar a dor pela perda de alguém eram bastante bem codificados na Mesopotâmia, envolvendo a autolaceração, o uso de roupas de tecido grosseiro ou rasgadas, a remoção de turbantes e adornos, a abstenção de banhos e outros cuidados com o corpo, os cabelos desgrenhados sendo um dos indícios mais eloquentes[227]. Em *Ele que o abismo viu*, imediatamente ao constatar a morte de Enkídu, Gilgámesh investe-se com essas marcas corporais:

> Mas ele (Enkídu] não ergueu a cabeça.
> Tocou-lhe o coração e não batia nada.
>
> Cobriu o amigo, como a uma noiva sua face,
> Como uma águia girava-lhe sobre,
> Como uma leoa que privada dos filhotes
> Andava-lhe em face e atrás,

227 Cf. Tanaka, *Dress and Identity in Old Babylonian Texts*, 53-54, os textos relativos a Inana, incluindo a *Descida* suméria, registram três desses sinais de luto, a saber: a) autolaceração; b) vestes sujas; c) cabelos desgrenhados.

Arrancava e soltava os cabelos cacheados,
Tirava e atirava os adornos, como se intocáveis ----.[228]

Mais à frente, a par das honras fúnebres, Gilgámesh declara ao amigo, já morto, os ritos com que o honrará e o que será desde então sua indumentária:

Far-te-ei deitar em amplo leito,
Em leito respeitoso far-te-ei deitar,
Far-te-ei sentar em sede tranquila, sede à minha esquerda,
Os príncipes da terra beijarão teus pés,[229]

Farei chorar-te o povo de Úruk, farei gemer por ti,
Ao povo exuberante farei encher-se por ti de pêsames.
E eu, depois de ti, suportarei as grenhas de cadáver,
Vestirei pele de leão e vagarei pela estepe.[230]

---

228 *Ele que o abismo viu* 8, v. 57-64.

229 "Príncipes da terra" são os deuses da Érsetu.

230 *Ele que o abismo viu* 8, v. 84-91. No momento em que deixa o luto, após a visita a Uta-napíshti, a primeira providência deste é mandar o barqueiro Ur-shánabi dar um banho em Gilgámesh e vesti-lo com roupas limpas, pois desde a morte do amigo ele não fazia isso:

O homem com que vieste,
Está coberto de grenhas seu corpo,
Uma pele de leão destrói a beleza de sua carne:
Pega-o, Ur-shánabi, ao lugar de banho leva-o:
Suas grenhas, na água, como as de um purificado ele lave,
Tire ele a pele de leão, leve-a o mar,
Molhe bem seu belo corpo,
Mude o pano que tem na cabeça,
Uma roupa ele vista, veste condigna.
Até que chegue a sua cidade,
Até que termine sua rota,
A roupa mancha não tenha, mantenha-se nova! (11, v. 250-261)

Na *Descida de Inana*, conforme as instruções da própria deusa, é assim que Nínshubur deve manifestar sua dor:

Faze um lamento por mim em meu arruinado (templo),
Bate o tambor por mim no santuário,
Faze a ronda dos [templos] dos deuses por mim,
Arranha [teus olhos], arranha teu nariz,
Arranha tuas orelhas, local público,
Arranha tuas nádegas, local privado,
Como indigente, veste uma só peça de roupa
E, só, põe o pé no Ékur, o templo de Énlil...[231]

Cobrindo-se e agindo, portanto, conforme os rituais de luto, Papsúkkal vai ao encontro dos deuses Sin e Ea, em busca de socorro, a razão como justifica sua atitude repetindo quase *ipsis verbis* o que o narrador já adiantara:

Ishtar à Érsetu desceu, não voltou,
E tão logo Ishtar ao Kurnugu desceu,
À vaca o boi não cobre, o asno à asna não emprenha,

À moça, na rua, não emprenha o moço:
Dorme o moço em sua alcova,
Dorme a moça só consigo.

São de destacar os termos que introduzem a descrição: enquanto o narrador o havia feito com um único verso – "Após Ishtar, senhora minha, ao Kurnugu descer" –, Papsúkkal utiliza dois, o que se poderia justificar tendo em vista que lhe compete resumir para Sin e Ea o acontecido ("Ishtar à Érsetu desceu, não voltou") e suas consequên-

231 *Descida de Inana* 2, 34-41, apud Lapinkivi, *Ištar's Descent*, p. 70, de cuja versão em inglês minha tradução depende.

cias ("E tão logo Ishtar ao Kurnugu desceu" etc.), mas isso não deixa de também dar forte ênfase a suas palavras, as quais, diferentemente das do narrador (do qual ele como que as toma) são acompanhadas de pranto (*ibakki*) e de lágrimas (*dimāšu*).

O dístico que introduz o discurso direto de Papsúkkal –

Veio cansado, à face de Sin, seu pai, chorava,
À face de Ea, o rei, vinham-lhe as lágrimas: –

é formular, sendo usado como expressão *dicendi* para ressaltar que aquele que fala se encontra em estado de extrema aflição. Assim, em *Ele que o abismo viu* serve para isso mais de uma vez, três delas na tabuinha 5, quando Gilgámesh e Enkídu enfrentam Humbaba na Floresta de Cedros. A primeira introduz a súplica de Gilgámesh a Shámash (o Sol), nestes termos:

Levantou sua cabeça Gilgámesh, em face de Shámash chorava,
Em face do fulgor de Shámash, vinham-lhe as lágrimas:
Aquele dia, Shámash, que confiei em ti não esqueças!;[232]

a segunda é quando Humbaba, levantando a cabeça para Shámash, apostrofa Enkídu:

Levantou sua cabeça Humbaba, em face de Shámash chorava,
Em face do fulgor de Shámash, vinham-lhe as lágrimas:
Entraste, Enkídu...;[233]

na terceira vez é de novo Humbaba quem invoca Shámash, para lançar contra Enkídu uma maldição:

232 *Ele que o abismo viu* 5, v. 90-92.
233 *Ele que o abismo viu* 5, v. 256-258.

Levantou sua cabeça Humbaba, em face de Shámash chorava,
Em face do fulgor de Shámash, vinham-lhe as lágrimas:
Que ---- .[234]

Na tabuinha 7, o dístico ocorre mais uma vez (com pequena variação no verbo ao final do primeiro verso), quando, tendo como destinatário de novo Shámash, Enkídu lança sua maldição contra o caçador que, vendo-o entre os animais, terminara por provocar sua saída para o convívio humano e a vida na cidade:

Ergue a cabeça Enkídu, em face de Shámash lamenta,
Em face do brilho de Shámash, vinham-lhe as lágrimas:
A ti apelo, Shámash, por minha inestimável vida![235]

O paralelo mais significativo para o presente caso, porém, encontra-se na tabuinha 6, quando, insultada por Gilgámesh, Ishtar se dirige a seus progenitores, para exigir que o pai lhe dê o Touro do Céu, a fim de devastar Úruk:

Veio Ishtar, em face de Ánu, seu pai, chorava,
Em face de Ántum, sua mãe, vinham-lhe as lágrimas:
Pai, Gilgámesh tem-me insultada,
Gilgámesh tem contadas minhas afrontas,
Minhas afrontas e maldições...[236]

Este último exemplo é importante, pois se trata de ir ao encontro de dois deuses – Ánu e sua esposa Ántum, respectivamente o pai e a mãe de Ishtar –, para pedir algo a apenas um deles – o pai –, recebendo apenas deste a resposta. Ora, parece que é exatamente a

---

234 *Ele que o abismo viu* 5, v. 274-276.
235 *Ele que o abismo viu* 7, v. 90-93.
236 *Ele que o abismo viu* 6, v. 82-86.

mesma situação narrativa e discursiva que se encontra na passagem em análise de *Ao Kurnugu, terra sem retorno*: Papsúkkal vai ao encontro de dois deuses – Sin, seu pai, e Ea, seu rei –, dirigindo suas palavras, pelo que sugere o contexto, apenas ao último, que é quem toma as providências diante da situação exposta.

Em geral, movidos pela aproximação com a *Descida de Inana*, que apresenta um encadeamento narrativo diferente, os comentadores acreditam ser necessário supor algo "implícito" no enredo. Assim, Lapinkivi, depois de declarar que "na versão acádia, essas instruções [dadas por Inana a Nínshubur] são ignoradas, mas devem de novo ser lidas implicitamente na estória, pois é óbvio que Papsúkkal recebeu instruções sobre o que fazer antes da descida de Ishtar", sem esclarecer a razão disso poder ser tido como uma obviedade, continua afirmando que,

> consequentemente, após demonstrar seu luto, Papsúkkal vai primeiro a Sin e em seguida a Ea, para buscar socorro para Ishtar. (...) A estória não revela detalhe algum da visita de Papsúkkal a Sin, mas obviamente este recusa socorrer sua filha, do mesmo jeito que na versão suméria.[237]

Ora, de fato nada no passo em análise faz supor que Papsúkkal foi "primeiro" a Sin e "em seguida" a Ea, em vez de pôr-se aos prantos diante dos dois simultaneamente – como faz Ishtar com relação a Ánu e Ántum em *Ele que o abismo viu* –, muito menos há qualquer indício de que, como na *Descida de Inana*, dirigiu-se ele a Ea só depois de ter seu pleito recusado por Sin[238]. Que Ea tenha assumido a

237 Cf. Lapinkivi, *Ištar's Descent*, p. 70.

238 Na esteira de seu raciocínio, Lapinkivi acredita que a razão pela qual "a visita a Énlil" (existente na *Descida de Inana*) "foi completamente ignorada" está "provavelmente" no fato de que a "grande importância" de Énlil "no panteão havia declinado no tempo em que a versão acádia foi escrita" (Lapinkivi, *Ištar's Descent*, p. 70).

responsabilidade do socorro pedido, sem necessidade da recusa de Sin, pode ser explicado de mais de uma forma: em primeiro lugar, como se viu, Ishtar fora apresentada a Eréshkigal, pelo porteiro da Érsetu, como "perturbadora do Apsu defronte de Ea, seu pai", o que mostra, além da relação expressa em termos de paternidade, alguma intimidade entre os dois deuses; por outro lado, mesmo que esses liames não existissem, Ea é o deus do panteão mesopotâmico mais dotado de sabedoria e astúcia, capaz de deslindar e dar bom encaminhamento a dificuldades, inclusive as impostas pelos próprios deuses, como no caso do dilúvio, em que logrou impedir o extermínio completo da humanidade, contra a opinião de todos os seus pares, dando instruções ao Supersábio sobre como construir a arca etc.; finalmente, nas palavras de Bottéro, ele é "o organizador do mundo em sistema de produção ininterrupta dos bens necessários aos deuses"[239], a ausência de coito entre os seres humanos e os animais havendo de conduzir a um extermínio tão radical quanto poderia ter sido o dilúvio, o que teria como consequência que, no caso do fim da humanidade, as divindades se veriam privadas daqueles seres cuja criação fora motivada justamente pela necessidade de que se atribuísse a alguém o trabalho incessante de provimento de víveres, antes a cargo dos Igígu.

A solução encontrada por Ea é sem dúvida hábil, a criação de Asúshu-námir: "Ea, em seu sábio coração, concebeu um plano/ E criou Asúshu-Námir" (*Ea ina emqi libbīšu ibtani zikru/ ibnīma Aṣûšu-namir*). A criação de uma pessoa, que, de certo modo, repete a criação da humanidade pelos deuses, não é uma concepção estranha na poesia acádia. Em *Ele que o abismo viu*, a fim de pôr limites aos excessos de Gilgámesh, os deuses decidem a criação de Enkídu, encarregando a deusa-mãe, Arúru, disso. A forma poética, naquele caso,

239 Bottéro, Kramer, *Lorsque les dieux faisaient l'homme*, p. 215.

é semelhante à que se encontra aqui: "Arúru, isso quando ouviu,/ O dito de Ánu concebeu no coração" (^{d}*aruru anita ina šemeša/ zikru ša* ^{d}*anim ibtani ina libbiša*)[240] – em ambos os casos salientando-se que, antes da criação propriamente dita, o que se diz de cada um dos deuses é que 'concebeu (*ibtani*) no coração (*libbišu/ša*) o *zikru*', ou seja, um 'nome', um 'enunciado', uma 'palavra', um 'verbo', um 'plano' – *zikru* sendo em parte equivalente ao grego *lógos*, no manuscrito de Assur o termo usado sendo justamente *amatu*, 'palavra'. No caso de *Ele que o abismo viu*, o passo seguinte é pegar "argila" e jogar na estepe ("Arúru lavou as mãos,/ Pegou barro e jogou na estepe)[241], a matéria, portanto, em que se concretiza (imprime?) o *zikru* sendo a mesma com que, no *Atrahasīs*, Arúru trabalha[242]. Em *Ao Kurnugu, terra sem retorno* nada se diz sobre isso, apenas que Ea "criou Asúshu-námir" (*ibnīma Aṣûšu-namir*). É curioso que, ao contrário, na *Descida de Inana* nada se diga do plano concebido no coração de Enki, o foco concentrando-se todo na matéria com que o deus cria dois seres: "Ele [Enki] tirou um pouco de sujeira da ponta da unha de sua mão e criou o 'kurjara',/ Ele tirou um pouco de sujeira da ponta da unha da outra mão e criou o 'galatura'"[243].

---

240 *Ele que o abismo viu* 1, 99-100.

241 *Ele que o abismo viu* 1, v. 101-102.

242 Tigay, *The evolution of the Gilgamesh epic*, p. 194-197, arrola e discute os pontos de contato da cena da criação de Enkídu com outros textos antropogônicos, em especial com o *Atrahasīs*: a) apresenta-se uma situação problemática (a desmedida de Gilgámesh e a revolta dos habitantes de Úruk; no *Atrahasīs*, a corveia imposta aos deuses menores, os Igīgi, e sua revolta); b) os deuses decidem a criação de um novo ser, visando a pôr fim ao problema (Enkīdu, para contrapor-se a Gilgámesh; no *Atrahasīs*, a humanidade, para assumir o trabalho dos Igīgi); c) a Arūru se incumbe que assuma a criação do novo ser (comparem-se as ordens dadas a ela: *atti Aruru tabni [amelūta]/ eninna binî zikir ŠÚ*, "tu, Arūru, fizeste a [raça humana],/ agora faze o que se disse"; no *Atrahasīs, attīma šassūru bāniat awēluti/ binîma lullû*, "tu és a matriz, criadora da raça humana,/ cria o homem"); d) finalmente, a criação do homem se faz pela modelagem de argila (no caso do *Atrahasīs*, são modelados sete machos e sete fêmeas).

243 *Descida de Inana*, v. 224-225.

Asúshu-námir (cujo nome significa 'seu aparecimento é brilhante')[244] é caracterizado como *assinnu* nos manuscritos de Nínive, o que corresponde a *kulu'u* no manuscrito de Assur. Ian Peled retomou recentemente a questão do significado deste segundo termo – uma vez que, com relação ao primeiro existe uma abundante documentação que permite entendê-lo como um 'prostituto' –, examinando a conexão entre ambos, para concluir que ela "é explícita em várias listas lexicais, do mesmo modo que nas versões acádias do mito da 'Descida de Ishtar ao mundo inferior'", o que permite entender que isso "decorre de sua compartilhada ambiguidade de gênero". Com efeito, "a análise das atestações de *kulu'u* mostra que esse termo expressa efeminação masculina, enquanto o *assinnu* é caracterizado como um homem que assume o papel passivo numa relação homossexual ligada a um culto" – em resumo, "ambas palavras são antônimos da identidade de gênero normativa para os homens e são por isso usadas ocasionalmente como termos pejorativos para ridicularizar a falta de masculinidade e vigor em alguém"[245]. Stefan S. Maul, em trabalho também recente, dá para o *assinnu* (o que se aplica também ao 'kurgarrû'), a partir das duas descidas, as seguintes características: a) "ele tem uma natureza sobre-humana (foi criado por um deus)"; b) "está em oposição à localização dos seres humanos normais, ultrapassa ileso as fronteiras do além – sua

---

244 Lapinkivi, *Ištar's Descent*, p. 72, nota 206, sendo de destacar a sugestão de W. von Soldt de que o 'aparecimento' a que remete o nome é o de um corpo celeste.

245 Peled, *kula'ūtam epēšum*: gender ambiguity and contempt in Mesopotamia, p. 762. Lapinkivi, *Ištar's Descent*, p. 75, resume assim a questão relativa às práticas sexuais do *assinnu*: "Há alguma evidência, embora escassa, de atividade homossexual dos devotos da deusa. Nesse sentido, um dos presságios da série *šumma ālu* fala de um homem que tem necessidade de fazer sexo com outro homem, 'como um *assinnu*'. Um outro declara que, 'se um homem copula com um *assinnu*, um pesado destino cairá sobre ele (?)'. Além disso, baseado na equação das prostitutas mulheres, *harīmtu*, com os *kulu'u*, W. R. Sladek sugeriu provisoriamente que *kulu'u* seriam talvez homens prostitutos homossexuais."

transexualidade parece estar relacionada com essa habilidade"; c) "o deus da arte dos encantamentos Enki/Ea equipou-o, para cura, com a 'água da vida' e a 'planta da vida'". Ao mesmo tempo, ressalta como, diferentemente das demais personagens dos poemas, o *assinnu* e seus correlatos não são só "figuras míticas, mas também pessoas da vida real", com papel social bem definido na sociedade mesopotâmica[246]. Isso sugere que o plano do coração de Ea não diz respeito apenas ao resgate de Ishtar – algo restrito à narrativa poética –, mas à própria razão de o *assinnu* ser alguém devotado ao culto da deusa, tendo o poema, portanto, também quanto a isso, uma função etiológica[247].

Nas culturas antigas, em geral, em especial nas médio-orientais, a masculinidade de alguém era medida por "dois critérios: a) sua valentia na batalha; b) sua capacidade de gerar filhos", ou seja, por feitos na esfera guerreira e sexual[248]. Os dois domínios, como já se viu, são afetos a Ishtar, a relação de homens efeminados com seu culto tendo assim um estatuto significativo. Acredita-se que, em alguns casos, embora a ambivalência de gênero pudesse ser expressa também por outros meios, como o uso de indumentária feminina, esses servidores da deusa praticavam a castração. No poema *Erra e Íshum*, datado no primeiro milênio, lê-se o seguinte, a propósito de uma invasão do templo de Ishtar em Úruk, o Eana:

de-ku-ú é-an-na kur-gar-ri LÚ.*i-si-*[*ni*]
šá ana šup-lu-uh UN.MES ^{d}*Ištar zik-ru-su-nu ú-te-ru ana* M[Í.MEš]
na-aš paṭ-ri na-aš nag-la-bi qup-pe-e u šur-t[*i*]
ša ana ul-lu-uš kab-ta-at Ištar i-tak-ka-lu a-[*sak-ka*]

246 Maul, *kurgarrû* und *assinnu* und ihr Stand in der babylonischen Gesellschaft, p. 162-163. O autor relaciona o papel dessas personalidades – que, insista-se, são não só personagens, mas também pessoas – com o dos xamãs, que detêm a perícia para, por meio da música e outros expedientes, acessarem níveis diferentes de realidade.
247 Cf. Talon, Le mythe de la Descente d'Ištar aux Enfers, p. 21.
248 Hofner, Symbols for masculinity and feminity, p. 327.

Removeram do Eana os *kugarrû* e os *issinnu* [= *assinnu*],
Que, para fazer o povo reverenciar Ishtar, sua masculinidade mudam em feminilidade,
Os portadores de adaga, portadores de navalha, de podão e lâmina de pedra,
Que, para agradar as entranhas de Ishtar, violam interditos.[249]

Parece que esses versos se referem a cerimônias de emasculação da parte dos devotos de Isthar, caso se entenda que os *kugarrû* e *assinnu* são aqueles que portam adagas, navalhas, podões e lâminas de pedras usadas na autocastração[250]. Neste caso, como argumenta M. Nissinen, a possibilidade de que um *assinnu* atue como "um parceiro passivo no contato sexual com homens" não decorre necessariamente de uma "orientação sexual", no sentido moderno do termo, "uma vez que contato sexual com um devoto de Inana/Ishtar era o mesmo que a união com a própria deusa" e, mais ainda, "se os devotos eram realmente emasculados, dificilmente seriam orientados para alguém, mulher ou homem"[251].

Uma questão que se põe é a de por que justamente ao *assinnu* será confiada a missão de resgatar Ishtar. Talon acredita que a criatura de Ea é tão somente uma "réplica" de um ser humano – o que depende da leitura que ele faz de sua criação pelo deus e da interpretação de *zikru* como mera 'imagem'–, ou seja, ele seria "uma criatura que não tem todas as características de um ser humano 'normal'", sendo por isso que pode "penetrar nos Infernos sem sofrer todas as consequências"[252]. Lapinkivi, por seu lado, propõe que "Eréshkigal poderia

249 Apud Lapinkivi, *Ištar's Descent*, p. 73.

250 Cf. Lapinkivi, *Ištar's Descent*, p. 78-79.

251 Apud Lapinkivi, *Ištar's Descent*, p. 75.

252 Talon, Le mythe de la Descente d'Ištar aux Enfers, p. 21, entende *zikru* como 'imagem", argumentando o seguinte: "A criação [a que procede Enki/Ea] também varia nas duas versões. No mito acádio, Ea recorre a uma criação 'abstrata': *Ea... ibtani zikru*, 'Ea criou uma imagem', em que aparece a noção de imagem semelhante,

ter ficado excitada ao ver um belo macho (ainda que assexuado), não havendo restrição, para ela, de ter um amante impotente e infértil", ao que acrescenta mais uma razão que, no meu modo de entender, vai no rumo mais correto: "uma vez que Asúshu-námir era assexuado, falta-lhe a capacidade de criar vida, uma capacidade repulsiva para Eréshkigal, a Rainha da Morte"[253]. Seja como um homem que se comporta como mulher em relações homossexuais – o sentido de prostituto –, seja como alguém, em consequência disso, que não tem filhos, pode-se dizer que o *assinnu* tem relação com os incluídos no rol daqueles que Eréshkigal mais lamenta: mais que os "moços que deixaram as esposas", ele sequer teve uma esposa e, no caso de ter sido emasculado, é, por definição, o mais estéril dos homens. É provável que justamente por isso Ea preveja que Asúshu-námir poderá encontrar receptividade da parte de Eréshkigal, conforme os conselhos que lhe dá.

No caso de *Ao Kurnugu, terra sem retorno*, as instruções são bastante condensadas – o que não destoa do estilo geral do poema. De início, em três versos, Ea resume os detalhes essenciais: a) Asúshu-námir deve voltar a face à entrada do Kurnugu; b) à sua face as sete portas se abrirão; c) enfim, Eréshkigal contemplará sua face e se regozijará. Observe-se que este roteiro é em tudo correlato ao da própria Ishtar, com os passos sistematicamente respeitados: a) a entrada; b) as sete portas; c) o interior do palácio de Eréshkigal. Isso mostra como a concisão do poema, bem marcada neste entrecho, não implica num estilo vago, com déficit de informação.

---

de réplica, que lembra a criação de Enkídu na Epopeia de Gilgámesh (1, 33): *zikru ša Anim ibtani ina libbiša... Enkidu ibtani*, '[Aruru] criou em seu coração uma imagem de Ánu... ela criou Enkídu'. Trata-se de uma imagem concreta, mais que de um 'conceito' (Labat) ou de uma 'ideia' (Bottéro), noções provavelmente muito abstratas no contexto mesopotâmico."

253 Lapinkivi, *Ištar's Descent*, p. 81.

A intenção do poeta parece ser concentrar a atenção do leitor ou ouvinte na face de Asúshu-námir, o termo *pānīka* (tua face) ocorrendo na última posição dos dois primeiros versos e na pernúltima do terceiro:

alka Aṣûšu-namir ina bāb kurnugê šukun pānīka
sebet bābī kurnugê lippetû ina pānīka
Ereškīgal līmurkāma ina pānīka lihdu

Vai, Asúshu-Námir, para a entrada do Kurnugu volta a tua face,
As sete entradas do Kurnugu se abram à tua face!
Eréshkigal te veja e à tua face regozije.

Considerando que *Aṣûšu-namir* é um nome composto, em que o primeiro elemento é uma forma nominal de *(w)aṣû*, isto é, 'sair', 'aparecer', 'surgir', 'nascer' (falando do sol e das estrelas), e o segundo provém do verbo *namāru*, 'ser brilhante', 'tornar-se brilhante' (a expressão *ina namāri* significando 'no momento da aurora'), sugere-se que é esse brilho que nasce da face do *assinnu* que faz o regozijo de Eréshkigal, talvez porque a Érsetu, como se viu, é um lugar de sombras. Asúshu-námir, de fato, conta com algo especial – a ambivalência de gênero e o brilho da face? – que o faz não só refazer por completo o percurso de Ishtar, como, ao fim disso, alegrar – e não irritar – a rainha da Érsetu.

Enfim, um traço admirável do poema, nesta passagem, é como o que Ea afirma que acontecerá se revela de imediato como o que já aconteceu, ou seja, dizer a Asúshu-námir que vá implica que ele já foi, falar que as portas se abrirão, que de fato se abriram, prever que Eréshkigal se alegrará, que a deusa se alegrou. O mesmo se aplica ao restante da fala de Ea, em que as instruções deixam de referir-se ao percurso, para tratar do modo como Asúshu-námir deve portar-se diante da rainha da Érsetu:

Quando o coração dela se acalma, suas entranhas abrandam,
Conjura-a pelos grandes deuses,
Levanta a cabeça, para o odre os ouvidos volta:
Ó senhora minha, o odre me deem, água de seu coração eu beba!

Que alguém que se dirige à Érsetu seja alertado com relação a cuidados destinados a sua salvaguarda é um motivo narrativo que se encontra em diversos textos, como no episódio já citado da tabuinha 12 de *Ele que o abismo viu*, em que Gilgámesh dá instruções nesse sentido a Enkídu – tal motivo não se restringindo apenas à tradição mesopotâmica, pois registra-se também, por exemplo, na poesia grega, desde a visita de Ulisses ao Hades, na *Odisseia*, em que os conselhos são dados por Circe ao herói, até os relatos sobre a catábase de Orfeu e outros[254]. No caso da poesia acádia, um circunstanciado exemplo se encontra em *Nergal e Eréshkigal*, quando parece que é o mesmo Ea quem instrui Nergal:

[ ] *qut-ta-a-tu* giš.gu.za *ka-la-mu*
dumu *har-ra-ni [te-]ri-šú t[al-la]k*
mim-mu-ú ur$_5$.úš.meš *ú [-]-a ina lib šat- [ ]*
ul-tú ul-la-nu-um-ma giš.gu.za *na-šú-nik-ka*
e ta-mir-ma e tu-šib ina muh-hi
lu.muhaldim ninda.hi.a *na-ši-[ka e] ta-mir-ma* ninda.hi.a-*šú ul ták-k[ul]*
lú.gir.lá uzu *na-ši-[ka e ta-mi]r-ma* uzu-*šú ul* ki.min
lú.SHIMxA kaš.meš *na-ši-k[a] e ta-mir-ma* kaš-*šú ul [taš]-ti*
me-si-it gìr.II *na-ši-ka e ta-mir-ma* [gìr].II-*ka e tam-si*
ši-i a-na nar-ma-ki i-ru-um-ma
[lu]-ub-bu-ši [ ] mu šú il-la-bi-iš$^?$
e$^?$ i/tur *zu-mur-šá uš-ta-bar-rak-ka*
at-t[a ša zi]-kar u sin-niš e$^?$ *ta*$^?$-x[ ] x-*ka*

254 Sobre as catábases gregas e do Médio Oriente, num estudo contrastivo, ver Bernabé, What is a *katábasis*.

---- então o chamou e deu-lhe conselho:
Viajante, se queres cumprir tua missão,
Algum conselho dar-te-ei, segue-o ao pé da letra:
Tão logo chegues, ser-te-á oferecido um trono,
Não corras a sentar-te nele;
Quando o cozinheiro te trouxer pão, não corras a comê-lo;
Quando o açougueiro te oferecer carne, não corras a comê-la;
Quando o cervejeiro te oferecer cerveja, não corras a bebê-la;
Quando te for trazida água para lavar os pés, não corras a lavar-te os pés;
Quando ela [Ereshkigal] entrar no banho
E tiver posto como vestimenta só o seu corpo,
E te mostrar assim a sua graça,
Tu não ergas os olhos para ela ao modo de um homem para uma mulher.[255]

Nergal/Erra – como já salientei mais de uma vez – seguiu todos os conselhos, com exceção do último, pois, quando Eréshkigal entrou no banho, ergueu os olhos e olhou-a como um homem olha uma mulher: abraçaram-se, então, irmão e irmã, entraram no leito com volúpia e fizeram amor durante seis dias[256]. Por isso, mesmo que o deus tenha em seguida escapado da Érsetu, teve de voltar, tornando-se o esposo da deusa e um dos senhores do mundo inferior. Do mesmo modo, também Enkídu foi arrebatado pela Érsetu por não observar os conselhos que lhe deu Gilgámesh:

Então Enkídu, da Érsetu para o alto, subir não pôde:
Namtar não o pegou, Asákku não o pegou, a Érsetu pegou-o![257]
O comissário de Nergal sem perdão não o pegou, a Érsetu pegou-o!
No lugar de combate dos varões não caiu, a Érsetu pegou-o![258]

---

255 *Nergal e Eréshkigal* (Pettinato) 2, v. 36-48.

256 *Nergal e Eréshkigal* (Pettinato) 4, v. 4-14.

257 *Asakku* era a denominação de uma classe de espíritos que atacavam e matavam os homens, geralmente por meio de febre alta.

258 *Ele que o abismo viu* 12, v. 51-54.

Na *Descida de Inana*, as instruções de Enki se alongam, ocupando vinte e cinco versos (os quais se repetem em seguida para dizer como as coisas se passaram):

Então o pai Enki declarou para o *gala-tura* e o *kur-jara*:
Ide e dirigi vossos passos para o mundo inferior,
Passai voando pela porta, como moscas,
Esgueirai pelos eixos da porta como espectros.
A mãe que deu à luz, Erec-ki-gala, por causa de seus filhos jaz lá.[259]
Sua santa espádua não está coberta por tecido de linho,
Seus seios não estão cheios como um vaso 'kagan',
Suas unhas são como uma picareta sobre ela,
Seus cabelos na cabeça são amarrados para cima como se fossem alhos.
Quando ela diz: – Ó meu coração!, deves dizer:
– Estás perturbada, nossa senhora, ó teu coração!
Quando ela diz: – Ó meu fígado!, deves dizer:
– Estás perturbada, nossa senhora, ó teu fígado!
– Quem sois vós?
Falando-vos de meu coração a vosso coração, de meu fígado a vosso fígado,
Se sois deuses, deixai-me falar convosco,
Se sois mortais, pode um destino ser fixado para vós.
Fazei-a jurar isso pelo céu e a terra.
Oferecer-vos-ão um rio de água – não o aceiteis!
Oferecer-vos-ão um campo com seus grãos – não o aceiteis!
Mas dizei a ela: – Dá-nos o cadáver pendurado no prego.
– Este é o cadáver de vossa rainha.
Dizei a ela: – Seja de nosso rei, seja de nossa rainha, dá-o a nós.
Ela dar-vos-á o cadáver pendurado no prego.
Um de vós espalhe sobre ela a planta da vida, o outro, a água da vida.
Então, deixai Inana erguer-se.[260]

---

259 Essa apesentação de Eréshkigal deve estar relacionada com sua caracterização como "mãe de Nínazu", ou seja, como já referi, uma imagem da deusa enlutada pela morte de seu jovem filho (cf. Katz, *The image of the Nether World in the sumerian sources*, p. 364).

260 *Descida de Inana*, v. 226-253.

No caso de Asúshu-námir a situação é curiosa, pois as instruções de Ea visam, de uma parte, a precavê-lo contra a fúria de Eréshkigal ("Quando o coração dela se acalma, suas entranhas abrandam,/ Conjura-a pelos grandes deuses"), mas, por outra parte, atribuem-lhe uma missão que, necessariamente, provocará (como provocou) a fúria da deusa ("Levanta a cabeça, para o odre os ouvidos [a atenção] volta:/ Ó senhora minha, o odre me deem, água de seu coração eu beba!"). O primeiro movimento, fazer a deusa jurar (*tamû*) pelos grandes deuses, cria um compromisso da parte dela, pois "uma promessa divina deve ser honrada"[261], essa promessa tendo, naturalmente, relação com o que segue: o pedido de Asúshu-námir de que lhe seja dada a água do interior do odre[262].

Esse pedido é bastante enigmático, dando azo a variada interpretação. A primeira e mais simples é a de que o odre conteria a água da vida, com que, mais à frente, Ishtar será espargida por Namtar, o que supõe uma situação no mínimo curiosa: estar "a água da vida armazenada no mundo inferior"[263]. De fato, na *Descida de Inana*, tanto a água quanto a planta da vida são levadas pelas figuras criadas por Enki do mundo superior para o subterrâneo, o que não se aplica aqui. A aproximação do poema sumério com o acádio e o desejo de explicar um pelo outro levou à curiosa hipótese de que o odre seria o próprio corpo de Ishtar – do mesmo modo que o cadáver de Inana fora pendurado num prego, na versão suméria, aqui a deusa também estaria pendurada, na forma de um odre. Como defesa desse argumento acrescenta-se que odres podiam apresentar semelhança com a

261 Talon, Le mythe de la Descente d'Ištar aux Enfers, p. 21.

262 Oppenheim, Mesopotamian Mythologie III, p. 137, acredita que Asúshu-námir teria realizado, diante de Eréshkigal, algum tipo de performance grotesca, como a que Baubó faz diante de Deméter no hino homérico à deusa: "É possível que o ator assexuado tenha apaziguado Eréshkigal ou por sua aparência ou por algum truque no estilo de Baubó, ou alguma outra perfórmance mímica".

263 Oppenheim, Mesopotamian Mythologie III, p. 139.

forma do corpo do animal de que eram feitos, além de que, no poema conhecido como *Inana e Bilulu*, a deusa transforma esta última personagem, que é uma velha, num odre para água fria[264]. Por mais instigantes que sejam essas propostas, cumpre não perder de vista que o texto simplesmente se abstém de sugerir o que vem a ser o odre, concentrando-se inteiramente no quão inapropriado é que alguém pretenda – mesmo um ser especial como é Asúshu-námir – beber da água de seu interior (o que seria especialmente estranho caso se tratasse do corpo de Ishtar)[265]. É isso que a narrativa põe inteira (acredito que também intencional) e exclusivamente em foco.

---

264 Lapinkivi, *Ištar's Descent*, p. 83-84. A passagem de *Inana e Bilulu* é a seguinte (traduzo a partir da versão para o francês por Kramer e Bottéro, *Lorsque les dieux faisaient l'homme*, p. 332-333):

> Para assegurar o repouso de Dumuzi Ama.ushumgalanna
> Eis o que ela maquinou!
> Nos desertos cheios de ventos, a Senhora foi, pois, para dominar Bilulu.
> Contra o vento, ela (...) seu filho Girgire
> E (...) Sirru-do-deserto-de-ventos, filho de ninguém e amigo de ninguém!
> Depois do que, tendo entrado na taverna de Bilulu,
> Ela assentou-se e proferiu sua decisão fatal:
> Sim, eu te matarei, Bilulu,
> Abolirei teu nome!
> Tornar-te-ás o odre-de-água-fresca, indispensável no deserto.
> E Sirru-do-deserto-de-ventos, filho de ninguém e amigo de ninguém
> Assombrará o deserto em busca de farinha:
> E cada vez que, por este jovem Dúmuzi, versar-se água, espargir-se farinha,
> O demônio e o espírito do deserto gritará: Versai mais! Espargi mais!
> De tal modo se fará que ele retorne ao deserto, lá onde desapareceu –
> Assim se fará voltar ao deserto, lá onde desapareceu,
> E Bilulu lhe acalmará o coração!

265 Penglase, *Greek myths and Mesopotamia*, p. 25, observa que, contra a proposta de que o odre possa ser o corpo de Ishtar, há que se considerar que "o nome Bilulu parece ser associado com rios e cursos dágua, e Bilulu não é, portanto, vista como um corpo morto. Asúshu-námir também quer beber do odre, o que provoca espanto caso isso possa referir-se ao corpo de Ishtar".

Essa perspectiva é importante para que se possa avaliar com justeza a razão da grande maldição (*izra rabâ*) lançada por Eréshkigal contra Asúshu-námir. Menos que o que a antecede e motiva – o fato de ele haver rompido um tabu –, parece relevante o que a sucede, ou seja, o que se estabelece relativamente à condição do *assinnu*. O destino que se lhe assinala, não resta dúvida, não difere do de uma prostituta, tanto que, dos cinco versos, dois também se leem no todo e um em parte na maldição lançada por Enkídu, no leito de morte, contra a prostituta (*harimtu*) que o havia trazido para o convívio dos homens. Comparem-se os dois poemas:

ṣillī dūri lū manzāzūka	*išpallurtu ša harrāni lū mušabūki*
askuppātu lū mušabūka	---- *ṣillī dūri lū manzāzūki* (...)
šakru u ṣamû limhaṣū lētka	*šakru u ṣamû limhaṣū lētka*
A sombra da muralha seja o teu posto	O cruzamento da estrada seja teu domicílio,
A soleira da porta seja o teu domicílio,	— a sombra da muralha seja o teu posto, (...)
O bêbado e o sedento batam-te a face!	O bêbado e o sedento batam-te a face,[266]

Além do efeito que o recurso da intertextualidade tem, como já ressaltei com referência a mais de uma passagem, a relação entre os dois poemas repousa no fato de que os locais referidos, em especial a muralha da cidade, são lugares comuns quando está em causa a prostituição, pois, pelo que se sabe, era junto dos muros que as meretrizes de baixa condição esperavam por seus clientes – o que o ataque contra elas de parte dos bêbados e sedentos só corrobora. Considerando um encantamento paleobabilônico em que a praga se dirige a um cão, Andrew George observa que "maldições desse tipo estavam tradicionalmente associadas a seres humanos postos à margem da sociedade, fora dos limites de respeitabilidade, e a animais que eram evitados e

266 *Ele que o abismo viu* 7, v. 116, 117, 119.

potencialmente perigosos"[267]. No mesmo sentido seguem os dois primeiros versos da maldição ("Pão do arado da cidade seja tua comida,/ O esgoto da cidade, teu vaso de bebida"), sendo difícil interpretar a referência ao "pão do arado" (*akli epinnēt*) – M. Nissinen entendendo que *epinnētu* (arado) possa ser um eufemismo para 'pênis' e que a imagem se refira, portanto, ao "intercurso sexual com um homem"[268]. De qualquer modo, não há dúvida de que o que se deseja ressaltar é a condição marginal do *assinnu*, assim instituída pela deusa, o que só confirma o caráter etiológico de toda essa passagem.

Após ser amaldiçoado, Asúshu-námir desaparece completamente de cena. Seu papel, contudo, foi especial: a) acalmar o coração de Eréshkigal; b) obter dela a jura pelos grandes deuses; c) irritá-la com o pedido de que lhe fosse dada a água da vida ("Ereshkigal.../ bateu na coxa e mordeu o dedo"); d) receber a praga contra ele lançada. Já Heidel entendia que Asúshu-námir "foi enviado ao mundo inferior para encantar Eréshkigal com sua beleza e assim obter seu favor"[269], o que parece não representar nenhum absurdo, cumprindo todavia acrescentar como lhe cabia também enfurecer a deusa – para que a narrativa chegasse a seu termo – e ser por ela execrado, definindo-se assim o estatuto e o papel social do *assinnu*.

267 George, *The Babylonian Gilgamesh epic*, p. 480.
268 Apud Lapinkivi, *Ištar's Descent*, p. 84.
269 Cf. Heidel, Ishtar's descent to the Underworld, p. 126, n. 79.

X

A ASCENSÃO DE ISHTAR

A narrativa prossegue com as providências tomadas por Eréshkigal, que, como se constata, foi vencida pela ação do *assinnu*, sendo forçada, provavelmente pela palavra empenhada, a libertar Ishtar:

Ereškīgal pâša īpušma iqabbi *ana Namtār sukkallīša amāta izzakkar:*	Eréshkigal abriu a boca para falar, A Namtar, seu intendente, estas palavras disse:
alik Namtār mahaṣ ekalla kīna *askuppāti za'ina ša ijerēte* *Anunnakī šūṣâ ina kussî hurāṣi šūšib* *Ištār mê balāṭi suluhšīma liqašši ina mahrīja*	Vai, Namtar, bate em Egalgina, As soleiras decora com corais, Os Anunnákki traze, em tronos de ouro senta-os, Ishtar com água da vida asperge e põe-na a mim defronte.
illik Namtār imhaṣ ekalla kīna *askuppāti uza"ina ša ijerēte* *Anunnakī ušēṣâ ina kussî hurāṣi ušēšib* *Ištār mê balāṭi isluhšīma ilqâšši ana pānīšaš*	Foi Namtar, bateu em Egalgina, As soleiras decorou com corais, Os Anunnákki trouxe, em tronos de ouro sentou-os, Ishtar com água da vida aspergiu e pô-la a ela defronte:
[mā alikma Namtār Ištar liqišima *šumma ipṭirīša la iddanaka tirraši* *ilqišima Namtār ana bābī]*	[E agora vai, Namtar, e Isthar leva, Se de seu resgate não te der quitação, trá-la de volta! E levou-a Namtar às entradas.]
ištēn bābu ušēṣišīma uttēršī ṣubāt balti ša zumrīša *šanâ bābu ušēṣišīma uttēršī šemer qātīša u šēpīša* *šalšu bābu ušēṣišīma uttēršī šibbu aban alādi ša qablīša*	À primeira entrada fê-la sair e devolveu-lhe a venerável veste do corpo seu; À segunda entrada fê-la sair e devolveu-lhe as correntinhas dos braços e pernas seus; À terceira entrada fê-la sair e devolveu-lhe o cinto de pedras-de-parturição da cintura sua;

rebû bābu ušēṣišīma uttērši dudināte ša irtīša	À quarta entrada fê-la sair e devolveu-lhe os broches do peito seu;
hamšu bābu ušēṣišīma uttērši erimmāti ša kišādīša	À quinta entrada fê-la sair e devolveu-lhe as pedras preciosas do pescoço seu;
šeššu bābu ušēṣišīma uttērši inṣabāte ša uznīša	À sexta entrada fê-la sair e devolveu-lhe os brincos das orelhas suas;
sebû bābu ušēṣišīma uttērši agû rabâ ša qaqqadīša	À sétima entrada fê-la sair e devolveu-lhe a grande coroa da cabeça sua.

Esse episódio tem uma grande relevância do ponto de vista da narrativa, pois fecha, com a saída de Ishtar do Kurnugu e seu vestimento, as peripécias de sua descida, o que fica bem destacado pela repetição de *bābu* (entrada) a cada passo. É bem verdade que o termo poderia ser traduzido, aqui, como 'saída', mas manter o sentido que tinha quando da descida da deusa reforça o fato de que a Érsetu conta apenas com 'entradas', já que se trata de "terra sem retorno". Em consequência, fica também realçada a proeza de Ishtar, ao lograr sair por onde, em princípio, só se entra.

Eréshkigal continua conduzindo a ação por meio de Namtar, cabendo a sua irmã um papel apenas passivo. As duas estrofes que contêm as ordens da rainha da Érsetu a seu intendente ("Vai, Namtar" etc.) e o relato de que elas se realizaram tais quais ("Foi Namtar" etc.) são significativas o bastante, o que justifica que fujam ao modo particular como as cenas se apresentam no poema, sem essa repetição. Ressalte-se que a repetição é a estratégia mais comum na poesia suméria e acádia, *Ao Kurnugu, terra sem retorno* fugindo desse padrão, como se viu. É portanto contra o pano de fundo desse modo de narrativa próprio que a adoção, nesta passagem, do que seria o modo mais comum ressalta, como diferença estilisticamente destacada.

As instruções dadas por Eréshkigal e logo cumpridas por Namtar compreendem três etapas, por sua vez divididas, cada qual, em duas: 1ª. etapa, (a) bater em Egalgina e (b) decorar suas soleiras com corais; 2ª. etapa, (a) convocar os Anunnákki e (b) sentá-los em tronos de ouro; 3ª. etapa, (a) espargir Ishtar com água da vida e (b) levá-la defronte de Eréshkigal. A isso se acrescenta, sem solução de continuidade, a subida de Ishtar por cada uma das sete portas e a consequente recuperação da veste e dos adornos deixados na descida – ou seja, um processo em que cada etapa se divide, por sua vez, também em dois movimentos: (a) a saída e (b) a devolução das vestimentas. Uma diferença entre as três primeiras etapas e a ascensão da deusa está em que, no caso desta última, não há referência a ordens de Eréshkigal e, consequentemente, não há repetição do dito no feito. Se todavia considerarmos que um trecho importante do poema foi a descida de acordo com os ritos da rainha da Érsetu, a subida, descrita também passo a passo nesta parte, constitui, de qualquer modo, uma repetição, ainda que ao inverso – repetição mais digna de atenção porque fecha em estrutura de anel o relato da descida. Recorde-se como, na *Descida de Inana*, a técnica é bastante diferente: há a descrição, anterior ao início da narrativa propriamente dita, de como a deusa colocou suas vestes e adornos, para depois se contar como, durante a descida, foi deles despojada, não se relatando que os tenha recuperado quando de seu retorno ao mundo superior. Slobodzianek considera que, a cada etapa da descida de Inana, "os 'me' dos infernos foram cumpridos, ninguém mais poderá remediar isso e Inana não recuperará seus preciosos adornos, eles próprios carregados de 'me'"[270], ao contrário do que acontece com Ishtar em *Ao Kurnuru, terra sem retorno*, em que a subida da deusa representa uma sorte de reversão dos ritos (*parṣi*) da Érsetu e o consequente regresso não só seu, como do mundo, a um estado anterior, agora garantido e ratificado.

270 Slobodzianek, *Acquérir, exprimer et transmettre les "pouvoirs" divins*, p. 96.

Com relação às três primeiras providências ordenadas a Namtar e por ele tomadas, só a última é clara: a pulverização de Ishtar com água da vida e sua condução diante da irmã. Das outras duas, a primeira é a mais enigmática: Namtar deve bater no "Egalgina" (*mahaṣ* É.GAL GI.NA), conforme os manuscritos procedentes de Nínive, ou no "palácio Diligina" (É.GAL-*la mahaṣ* DI.LI GI.NA), conforme o texto de Assur[271]. Tanto um quanto outro denominam o que parece ser um palácio no Kurnugu (ou o próprio Kurnugu) – 'é-gal-gi-na' tendo o significado de 'palácio firme', enquanto 'é-gal di-li-gi-na' se traduz por 'palácio solitário e firme'[272]. Ao mesmo tempo, deve Namtar decorar (*za'ānu*) as soleiras/a entrada (*askuppāti*) com corais (*ijerēte* = *ayyartu*), Lapinkivi sugerindo que, tratando-se de conchas de uso apotropaico, a remissão seria à genitália feminina[273]. A convocação dos Anunnákki, por sua vez, deve justificar-se por serem eles os juízes da Érsetu, o fato de que sejam assentados em tronos de ouro sendo condizente com essa alta condição[274]. Na *Descida de Inana*, eles comparecem tanto no momento em que a deusa ingressa totalmente no reino de Eréshkigal, para transformá-la num cadáver, quanto no momento em que ela se prepara para a subida, para exigir que providencie um substituto de si[275]. Aqui, ao que parece, eles devem estar sendo tomados como testemunhas (ou juízes?)[276] da liberação da deusa, o ritual

271 Lapinkivi, *Ištar's Descent*, p. 20.

272 Lapinkivi, *Ištar's Descent*, p. 87.

273 Lapinkivi, *Ištar's Descent*, p. 64.

274 Dalley sugere que a referência a *kussû*, 'trono' ou 'cadeira', nesta passagem, possa estar relacionada com um ritual contra a captura por espectros, em que se faz uso de um *kussû eṭimme*, 'cadeira de espectros' (apud Lapinkivi, *Ištar's Descent*, p. 87).

275 *Descida de Inana*, v. 164-172 e v. 282-289, respectivamente.

276 Esta é a opinião de Talon, Le mythe de la Descente d'Ishtar aux Enfers, p. 22: "Eréshkigal convoca a assembleia dos Anunnákki, que deverá decidir a sorte de Ishtar". Embora a hipótese seja razoável, esse juízo não se declara. Parece, ao contrário, que Eréshkigal já tem a decisão tomada quando faz vir os Anunnákki.

envolvendo a água da vida, que é para onde tudo converge, devendo ser tido como especialmene importante para merecer os preparativos expostos nos versos que o antecedem e a presença dos Anunnákki.

Essa aspersão com água da vida (*mê balāṭi*) leva muitos comentadores a supor que a deusa estivesse morta (como acontece na *Descida de Inana*). Todavia, como já salientei, nada se diz a esse respeito, apenas que Ishtar fora acometida por sessenta doenças. São duas as questões que se levantam: a) o que é a água da vida e para o que ela serve; b) como é que ela se encontra na Érsetu. Nesse sentido, Oppenheim afirma ser preciso

> recordar o fato de que, de acordo com a estória acádia da descida de Ishtar, a Água-da-Vida é guardada no palácio de Eréshkigal e, assim, encontrar a explicação tanto para as visitas habituais de deuses ao mundo inferior, quanto para a natureza das sanções impostas a eles pela guardiã da Água-da-Vida. É mesmo tentador assumir que Eréshkigal recusa aos *dei superi* o acesso a essa mercadoria essencial como uma medida punitiva. Essa interpretação da situação sublinha que o conflito entre os *dei superi* e Eréshkigal é baseado na assunção de que a Água-da-Vida sustém a eterna juventude dos deuses mesopotâmicos do mesmo modo que o fazem o néctar e as maçãs das Hespérides para os deuses gregos.[277]

De fato, é extremamente redutor entender a água da vida (*mê balāṭi*) como algo destinado estritamente à ressurreição dos mortos – ideia que, aliás, parece ser totalmente estranha às concepções mesopotâmicas. O substantivo *balāṭu* (que determina 'água' nessa expressão) tem, entre outros, os significados de 'vida', 'vigor', 'boa saúde', 'imortalidade', 'tempo de vida'. Assim, se existem ocorrências em que balāṭu se opõe claramente a 'morte' (*mūtu*) – os deuses "a morte (*mūtu*) impuseram aos homens,/

277 Oppenheim, Mesopotamian Mythologie III, p. 151.

a vida (*balāṭu*) em suas mãos guardaram"[278] –, noutros casos o termo designa o vigor e a saúde: a deusa Gula é aquela "cujo olhar é saúde (*balāṭu*) e a atenção é paz (*šalamu*)"; "homem que com saúde (*ina balāṭi*) vive (*illak*)"; "em paz (*ina šulmi*) e saúde (*u balāṭi*)". Acrescente-se que o verbo *balāṭu* tem, como sentidos primeiros, 'estar bem', 'recuperar-se de uma doença', ou seja, 'curar-se', 'sarar', bem como 'ter vigor', 'ter plena saúde' e, por extensão, 'viver muito tempo', 'viver', os usos na esfera da saúde sendo atestados nestes exemplos: "por um triz não morri, mas agora curei-me de minha doença" (*ubān lu la mītāku inannama ištu murṣija ab-ta-lu-uṭ*); "em 7 ou 8 dias ele sarará" (*adu ūmē 7 8 i-ba-laṭ*); "o medicamento fortificante de minha senhora (Gula) tomei... e fiquei curado" (*šammu balāṭi ša bēltija altuti... u ab-ta-luṭ*)[279]. Não deve pois causar espanto que a água da vida sirva para recuperar Ishtar de suas sessenta doenças, não se tratando de ressuscitá-la – essa suposição só se justificando pelo entendimento (repita-se) de que *Ao Kurnugu, terra sem retorno* depende e resume, omitindo detalhes, a *Descida de Inana*.

Com relação à procedência da água da vida com que Ishtar é borifada, considero, como Oppenheim, que é realmente mais razoável entender que ela se encontre na Érsetu, em vez de supor que tenha sido transportada para lá por Asúshu-námir, o que absolutamente não se diz nem ao menos se sugere, essa inferência só sendo possível caso se considere (repita-se mais uma vez) que *Ao Kurnugu, terra sem retorno* nada mais é que uma versão canhestra da *Descida de Inana*, em que tanto a água quanto a planta da vida foram dadas por Enki ao 'kurgara' e ao 'galatura', os quais as levaram ao mundo inferior[280].

278 *Proeminente entre os reis*, 3, v. 2-5.

279 Todos os exemplos são tomados do CAD, s. v. *balāṭu*.

280 Para Penglase, *Greek myths and Mesopotamia*, p. 25, mesmo que não haja menção de que Asúshu-námir tenha levado a água da vida para o mundo inferior, "ele pode, mesmo assim, ter feito isso, a ação sendo meramente mais um dos detalhes omitidos na versão acádia, uma vez que não parece haver água no mundo inferior".

Ora, na lógica da descida de Ishtar, não há como deixar de relacionar a água da vida ao odre referido na passagem imediatamente anterior, o que implicaria que, de fato, ela estivesse armazenada na Érsetu, sendo indevidamente demandada por visitantes como Asúshu-námir[281].

O complemento da ação se encontra de duas formas nos manuscritos: os dois procedentes da biblioteca de Assurbanípal, em Nínive, passam diretamente para o percurso de Ishtar pelas sete portas; já o manuscrito de Assur introduz a subida da deusa com os versos que pus entre colchetes, contendo nova ordem de Eréshkigal e sua realização por Namtar:

> [E agora vai, Namtar, e Isthar leva,
> Se de seu resgate não te der quitação, trá-la de volta!
> E levou-a Namtar às entradas.]

Do ponto de vista da pertinência dessa passagem, há duas possibilidades: se considerarmos o estilo conciso do texto, em sua elegância poética, eles se mostram efetivamente dispensáveis (como me parece que de fato são); todavia, a exemplo do que acontece na *Descida de Inana*, em que os Anunnákki adiantam o tema do substituto de si que a deusa deverá mandar à Érsetu, isto é, Dúmuzi, dão eles à narrativa uma feição mais previsível e articulada.

Finalmente, na sua subida paulatina, conduzida por Namtar, Ishtar recupera, na ordem inversa de seu desnudamento, sua veste e cada um de seus adornos. A vista de quem lê ou ouve é conduzida pelo corpo da deusa, principiando pelos membros – pés e mãos – e prosseguindo pela cintura, seios, pescoço, orelhas e cabeça, fazendo de novo suceder, passo a passo, partes duplas e unas. Sobre a cabeça, a grande coroa confirma que Ishtar recuperou não só seu poder, como sua identidade de rainha.

281 Já Heidel, Ishtar's descent to the Underworld, p. 126, n. 79, afirmava que o odre "obviamente continha a 'água da vida'".

XI

DÚMUZI

O poema conclui ressaltando seu sentido etiológico, ao remeter ao ciclo de Dúmuzi/Tammuz:

šumma napṭirīša lā taddinakkama ana šâšāma terrašši	Se de seu resgate não deres quitação a ela própria, trá-la de volta!
ana Dumūzi hāmir ṣehrūtīša *mê ellūti rammik šamna ṭāba puššiš* *ṣubāta huššâ lubbissu malīl uqnî* *šamhāte lin"â kabtassu*	A Dúmuzi, esposo dela moça, Com água pura lava, com suave óleo unge, Roupa vermelha veste-lhe, flauta de lápis-lazúli, Meretrizes entretenham-lhe a mente!
[...] Belili šukuttaša ušaqqâ *īnāte malâ birkāša* *ikkil ahīša tašme tamhaṣ Belili šukutta ša zumrīša* *īnātēša undallâ pān litte* *ahī ēdu lā tahabbilanni*	---- Belíli suas joias arrancou, De pedras preciosas pleno seu regaço. O grito do irmão ouviu, bateu Belili nas joias de seu corpo, De suas pedras preciosas plena a face da vaca: Do irmão único não me prives!
ina ūmē Dumūzi ellanni malīl uqnî šemer sāmti *ittīšu ellanni bakkā'ū u bakkāiātu* *mītūtu līlûnimma qutrinna liṣṣinû*	No dia em que Dúmuzi suba para mim, a flauta de lápis-lazúli, o anel de cornalina, Com ele para mim subam carpideiros e carpideiras, Os mortos subam e o incenso aspirem!

Talon, na esteira de Bottéro, considera que essa "parte final da narrativa foi abreviada ao extremo, os episódios sucedendo-se sem transição", motivo por que "foi preciso esperar a publicação dos episódios análogos da versão suméria para compreender melhor o texto acádio"[282]. De fato, antes do conhecimento do final do poema sumério, costumava-se interpretar que "o motivo da descida de Ishtar ao mundo inferior era trazer de volta seu irmão, Tammuz [Dúmuzi], o deus morto da vegetação"[283], entendendo-se que se tratava de um "mito" correlato a outras narrativas antigas, como as catábases de Orfeu ou Héracles. É curioso que tal "equívoco" se tenha verificado, o que só demonstra o quão profundamente a recepção de uma obra pode ser informada pelas expectativas do leitor – neste caso, de leitores imbuídos da autoridade da tradição clássica[284] –, ao mesmo tempo em que indica, em termos bakhtinianos, quanto um texto guarda de outros textos, seu sentido decorrendo da relação polifônica – bem entendido: uma relação dialógica e não de simples dependência. Isso parece especialmente grave no caso de um *corpus* poético como o mesopotâmico, em que, como já salientei mais de uma vez, o recurso à intertextualidade constitui uma marca bastan-

282 Talon, Le mythe de la Descente d'Ishtar aos Enfers, p. 22. A publicação do texto sumério foi feita por Kramer, Cuneiform studies and the History of Literature, p. 491-493.

283 Heidel, *The Gilgamesh epic and Old Testament parallels*, p. 121, n. 61.

284 A tendência da aproximação entre os textos gregos e a recém-descoberta tradição mesopotâmica acontece de um modo muito intenso na passagem do século XIX para o XX. Assim, Alfred Jeremias, no livro aparecido em 1890, com o título de *Izdubar-Nimrod: eine altbaylonische Heldensage*, em que se publica, pela primeira vez, uma tradução da posteriormente chamada Epopeia de Gilgámesh, além da remissão, evidente no título, à tradição hebraica (já que se julgava que Gilgámesh, cujo nome se lia então como Izdubar ou Gishdubar, corresponderia ao potentado Nemrod, referido em *Gênesis* 10, 8-12, entendimento já assumido antes na edição do texto acádio por Paul Haupt, em "Das babylonische Nimrodepos", que consta do volume 1 de *Beiträge zur Assyriologie und semitischen Sprachwissenschaft*, 1890), acrescenta, como um dos apêndices do livro, uma aproximação entre Gilgámesh e Héracles (Zusätze IV: Izbudar und Herakles, in Jeremias, *Izdubar-Nimrod: eine altbaylonische Heldensage*, p. 70-73). Na mesma obra (p. 59), em apêndice com o título Ištar-Astarte im Izbudar-Epos, Jeremias afirma que "a festa principal [de Erech] parece ser a festa de Tammuz, na qual também a invocação dos mortos, com ajuda da deusa [Ishtar], era feita – veja-se o fecho da viagem de Ishtar ao mundo subterrâneo".

te distintiva. É preciso recordar que *Ao Kurnugu, terra sem retorno* foi dado a conhecer logo no início da decifração da documentação cuneiforme, mais exatamente em 1873, quando a assiriologia era uma disciplina ainda incipiente e limitados o acesso aos textos, bem como a compreensão da rede em que se incluíam.

Na introdução deste livro chamei a atenção para o caráter etiológico do relato da descida de Ishtar, vinculado ao ciclo agrícola, às festas dos mortos e ao culto de Dúmuzi. As tradições sobre essa personagem são variadas e difundidas no espaço e no tempo: o Dúmuzi venerado em Badtibira era considerado um rei antediluviano, cognominado "o pastor", o qual teria governado durante trinta e seis mil anos; aquele que se reverenciava em Úruk era tido como marido de Inana e, pelo menos num dos relatos, um rei pós-diluviano, ancestral de Lugalbanda e Gilgámesh; o deus Ama-ushumgal-ana, identificado com Dúmuzi, cujo culto teve origem numa cidade perto de Lagash, é descrito numa canção como um herói guerreiro[285]; na disputa com Emkindu, deus da vegetação e irrigação, Dúmuzi é um deus pastor; na hierogamia com Inana, entendia-se que o rei sumério que desposava a deusa o incorporava[286]. Já na lista de *A morte de Ur-Nammu* ele aparece como uma divindade do mundo dos mortos, citado imediatamente após Eréshkigal e antes de Namtar, o que faz Katz deduzir que "sua posição destacada (...) provavelmente reflete o *status* de que gozava em Ur naquela época, devido a sua função no rito do casamento sagrado, quando o próprio Ur-Nammu incorporava Dúmuzi", os presentes a ele destinados sendo, além de uma variedade de ovelhas, um cetro de ouro próprio de um governante (de um 'en')[287]. No hino

---

285 Sobre essa invocação de Dúmuzi e suas bodas com Inana, em relação com o ciclo da vegetação, ver Jacobsen, *Treasures of darkness*, p. 33-47.

286 Black, Green, *Gods, demons and symbols of ancient Mesopotamia*, p. 72.

287 Katz, *The image of the Netherworld in the Sumerian sources*, p. 389.

a seu templo Emush, em Badtibira, ele é chamado de 'en' e "amado marido de Inana", sendo também como "marido da santa Inana" que é referido no *Ershemma de Dúmuzi e Inana*, em que se narra sua morte, associada à estação da seca, quando ele vai em busca de água para seu rebanho e é assassinado em seu redil por sete 'galla', entidades do mundo inferior[288]. Na lista de deuses de *A morte de Bilgames*, Dúmuzi aparece numa posição menos destacada, como o último das principais divindades do 'Kur', no mesmo verso que Ningíshizida. Finalmente, é ainda Katz quem observa como, "durante o período paleobabilônio, todas as incarnações locais do jovem deus que morre foram assimiladas por Dúmuzi"[289]. Em *Ele que o abismo viu*, ele é chamado de "pastor amado de Ishtar"[290] e um correlato do verso que se lê nesta passagem de *Ao Kurnugu, terra sem retorno*, a saber, "a Dúmuzi, esposo dela moça" (*ana Dumūzi hāmir ṣehrūtīša*), resgistra-se, no mesmo poema, quando Gilgámesh inicia o rol dos amantes da deusa e do destino cruel que tiveram:

A Dúmuzi, o esposo de ti moça
Ano a ano chorar sem termo deste.[291]

Aqui, o verso que, após a descrição da ascensão de Ishtar, dá o tom da passagem é "se de seu resgate não deres quitação a ela própria, trá-la de volta!" (*šumma napṭirīša lā taddinakkama ana šâšāma terrašši*), de que um correlato, na versão de Assur, ocorre imediatamente antes da subida: "se de seu resgate ela não te der quitação, trá-la de volta!" (*šumma ipṭiriša la iddanaka tirraši*). Sem solução de continuidade, passa-se à referência a Dúmuzi, o que não deixa dúvida

288 Katz, *The image of the Netherworld in the Sumerian sources*, p. 135.
289 Cf. Katz, *The image of the Netherworld in the Sumerian sources*, p. 389-390.
290 *Ele que o abismo viu* 8, v. 149.
291 *Ele que o abismo viu* 6, v. 46-47: *a-na* ^{d}*dumu-zi ha-mi-ri ṣu-uh-re-ti-ki*.

de que ele é o "resgate" (*napṭiru*). Observam Bottéro e Kramer que, "segundo a regra bem conhecida da jurisprudência da região, o 'substituto', o responsável, devia ser tomado na própria família ou na casa daquele que substituía", conforme, por exemplo, os "artigos" 116 e seguintes do Código de Hammurabi[292], sendo por isso que a escolha cai, neste caso, em Dúmuzi, de quem a primeira informação que se provê é que se trata do "esposo dela moça".

Na *Descida de Inana*, mesmo que a ordem dos Anuna – "Se Inana ascender do mundo inferior, deve prover um substituto de si" – seja dada antes da subida da deusa, a escolha de Dúmuzi só acontece sessenta e quatro versos depois: antes disso, recorde-se, Inana parte escoltada pelos 'galla' que não conhecem comida nem bebida, não recebem oferendas nem presentes, nunca conhecem os prazeres do abraço de um esposo nem jamais têm um filho para beijar, pelo contrário, são eles que arrebatam a esposa do abraço do marido, o filho dos joelhos do pai e fazem a noiva abandonar a casa do sogro; chegando à porta do Ganzer, ameaçam levar Nincubura, sendo impedidos por Inana; dirigindo-se em seguida a Umma, ameaçam arrebatar Kara, o cantor de Inana, sendo de novo impedidos pela deusa; e só quando chegam à grande macieira, na planície de Kulaba, encontram Dúmuzi vestido com magnificência e sentado num também magnífico trono, arrebatando-o, enquanto Inana lança-lhe um olhar de morte e palavras de ódio.

Mais que esclarecer a entrega de Dúmuzi, o que o constraste entre os dois poemas principalmente permite é ressaltar o que é próprio do estilo de *Ao Kurnugu, terra sem retorno*, em sua elegante organização paratática, constituída de três movimentos que se sucedem: a) a preparação de Dúmuzi; b) a reação de sua irmã Belíli; c) a instituição da festa do deus e dos mortos.

---

292 Bottéro, Kramer, *Lorsque le dieux faisaient l'homme*, p. 293.

O primeiro deles, a preparação de Dúmuzi, envolve lavá-lo com água pura, ungi-lo com óleo suave, vesti-lo com roupa vermelha, dotá-lo de uma flauta de lápis-lazúli e fazer as meretrizes entreter sua mente. Todas essas providências expõem-se no imperativo, ou seja, trata-se de ordens dadas por alguém, em princípio a mesma personagem que ordenara "se de seu resgate não deres quitação a ela própria, trá-la de volta!", bastando que se observe o encadeamento do texto:

> Se de seu resgate não deres quitação a ela própria, trá-la de volta!
> A Dúmuzi, esposo dela moça,
> Com água pura lava, com suave óleo unge,
> Roupa vermelha veste-lhe, flauta de lápis-lazúli,
> Meretrizes entretenham-lhe a mente!

O mais provável, portanto, é que se trate de ordens dadas por Eréshkigal e dirigidas a Namtar. Todas as providências visam, como seria natural, a preparar Dúmuzi para, baixando à Érsetu, tomar o lugar de Ishtar e, como na passagem em que Ea dá instruções a Assúshu-námir, aqui também mandar fazer implica ter-se feito (ou seja, ele foi banhado, ungido etc.). Lavá-lo com água pura e ungi-lo não impõem grandes problemas de entendimento, o mesmo não se podendo dizer do significado das três outras ações. Todas, contudo, já à primeira vista revelam duas conexões importantes: com rituais fúnebres e com a própria Ishtar.

Lavar-se, ungir-se com óleo e vestir roupas limpas costuma ser um marcador narrativo usual, como ressalta Andrea Seri, indicando que a personagem passou por uma transformação: assim, no *Enūma eliš*, após Marduk ter concluído suas criações, descreve-se "como ele unge seu corpo com óleo de cedro, põe em si mesmo vestimentas principescas, cinge-se com uma tiara e pega atributos régios como o cetro e o báculo", devendo-se considerar que "o limpar-se e mudar de roupa denotam uma mudança pessoal", o que, neste caso, "simboliza seu novo estatuto como supremo rei dos deuses"[293]. Do mesmo modo, depois de vencer Humbaba, Gilgámesh "Lavou-se da sujeira, limpou as armas,/ Sacudiu os cachos sobre as costas,/ Tirou a roupa imunda, pôs outra limpa,/ Com uma túnica revestiu-se, cingiu a faixa:/ Gilgámesh com sua coroa cobriu-se", chamando, aliás, com isso, a atenção de Ishtar[294]. O mesmo se verifica, também em *Ele que a abismo viu*, nos casos, já referidos, de quando Enkídu é tirado por Shámhat da convivência com os animais e de quando Gilgámesh, concluída sua longa viagem até Uta-napíshti, é conduzido ao banho por Ur-shánabi, que o lava e veste nele roupas limpas.

Pelo que se conhece, a preparação do cadáver para sepultamento incluía, na Mesopotâmia, provavelmente lavá-lo com água, ungi-lo com óleo e pefumes, vesti-lo e talvez envolvê-lo em esteira ou numa mortalha especial (MacDougal sugere que a unção possa ter uma finalidade apotropaica, semelhante à que tem em procedimentos mágicos e medicinais)[295]. Assim, Lapinkivi entende que, lavado, ungido, vestido de vermelho e autorizado a tocar a flauta de lápis-lazúli, "a vítima é, pois, ritualisticamente purificada e vestida", ou seja, "Tammuz foi assim preparado para seu funeral", sendo provável que "a flauta que toca e as prostitutas que mudam seu humor sejam mencionados aqui para desviar sua mente do trágico destino – morrer para salvar alguém"[296].

Trajes de cor vermelha parecem ter relação com a própria Ishtar. Conforme Barret, embora haja ainda muito a esclarecer sobre o sim-

293 Seri, The role of creation in *Enūma eliš,* p. 16.

294 *Ele que o abismo viu* 6, 1-6.

295 Cf. MacDougal, *Remembrance and the dead in second millenium BC Mesopotamia*, p. 184 (78).

296 Lapinkivi, *Ištar's descent and resurrection*, p. 90.

bolismo das cores na Mesopotâmia, "muitos artefatos associados com Inana/Ishtar fazem uso extensivo da cor vermelha, um fenômeno que pode sugerir o aspecto astral da deusa", de que um dos epítetos é justamente "a de face vermelha" ('mùš-me-huš'), o que se explicaria pelo fato de que o planeta Vênus surge ao entardecer e ao amanhecer, dois momentos em que o céu se tinge de vermelho[297]. Portanto, se vestes vermelhas podem ter relação também com a preparação dos mortos para o sepultamento[298], remetem para o aspecto escatológico da própria Ishtar.

Merece, contudo, atenção o fato de que a flauta seja de lápis-lazúli e de que esteja presente não só aqui – ou seja, na preparação para a catábase de Dúmuzi –, como também na estrofe final, relativa a sua anábase, associada a carpideiros e, significativamente, a um anel de cornalina: "No dia em que Dúmuzi suba, a flauta de lápis-lazúli, o anel de cornalina,/ Com ele subam carpideiros e carpideiras". Ainda conforme Barret, um encantamento paleobabilônico relativo ao nascimento de crianças implica que vermelho/cornalina representa o princípio feminino, enquanto azul/lápis-lazúli representa o masculino, recomendando ainda o mesmo texto que se deem objetos para meninos e meninas recém-nascidos de cor apropriada. Acrescente-se que "cornalina e lápis-lazúli são muitas vezes emparelhados tanto em joias, quanto em referências textuais", sendo mister recordar como "a *Epopeia de Gilgámesh* descreve um jardim fantástico de árvores que

297 Barret, Was dust their food and clay their bread?, p. 25-26.

298 Cf. anota Dalley, *Myths from Mesopotamia*, p. 162: "cadáveres eram envolvidos em tecidos vermelhos para o sepultamento; traços disso foram ocasionalmente recuperados por escavações".

produzem frutos de cornalina e folhagem de lápis-lazúli"[299], a descida de Ishtar, por sua vez, terminando com referência às duas cores:

> Mesmo que nenhum texto ligue especificamente as duas pedras à masculinidade ou feminilidade, elas pelo menos carregam associações de fertilidade e abundância. Essas sugestões de fecundidade e nova gênese são visíveis não só no fruto e folhagem do jardim paradisíaco, mas também no anel e na flauta, que evocam um contexto de vida nova e regeneração: como parte da celebração da ressurreição anual de Dúmuzi, eles marcam o retorno temporário não só do deus, como, de modo geral, dos mortos. O emparelhamento de cornalina e lápis-lazúli, ou de vermelho e azul/preto, em geral, pode representar o emparelhamento de Inana/Ishtar e Dúmuzi. Outra possibilidade (...), esse esquema de cor pode representar os elementos masculinos e femininos que coexistem no próprio caráter de Inana/Ishtar – ela é, no fim das contas, uma divindade andrógina (...). Com efeito, um dos emblemas de Inana/Ishtar, a echarpe ou o turbante que Steinkeller (...) associa com o signo 'mùš', era associado, em épocas diferentes, tanto com o azul, quanto com o vermelho. Uma outra evidência que sugere associação entre lápis-lazúli e a própria Inana/Ishtar provém de um registro acádio de doação de uma vulva lápis-lazúli à deusa".[300]

Entre a estrofe que descreve a preparação de Dúmuzi para a sua descida e a última, em que está em causa sua subida anual, na festa dos mortos, insere-se a reação de sua irmã, Belíli, que, em movimentos de luto, arroja os adornos de seu corpo, para terminar com a súplica: "Do

299 *Ele que o abismo viu* 9, 172-175:

--- às árvores dos deuses, enquanto olha, avança:
A cornalina carregada de seus frutos,
De uvas carregada, pura visão;
A lápis-lazúli carregada de folhagem,
De fruto carregada a ver-se com delícia.

300 Barret, Was dust their food and clay their bread?, p. 26-27.

irmão único não me prives!" Tradicionalmente, a irmã de Dúmuzi chama-se Geshtinanna (o que significa 'videira celeste'), apenas aqui se lhe atribuindo o nome de Belíli, mas "a identificação de Belíli como irmã de Dúmuzi é confirmada pelo fato de que ela tem um santuário na cidade chamada 'uru-sig-é-be-li-li' (...), que parece ter sido localizada perto de Badtibira, a qual, por seu lado, era um centro do culto de Dúmuzi", a deusa sendo mencionada também "numa tabuinha paleobabilônica (...) que pertence ao lamento por deuses mortos"[301]. Nos textos em que comparece, a função de Geshtinanna é tentar salvar o irmão da morte. Na *Descida de Inana*, sua atuação provavelmente se encontraria numa parte infelizmente mutilada, os versos finais, todavia, garantindo que haverá alternância entre os dois irmãos no 'Kur' ("Tu, estarás somente a metade do ano e tua irmã a outra metade!"). Noutra versão da descida da deusa encontrada em Ur, que principia, na parte com que contamos, com o esquecimento de Inana de enviar ao 'kur' um substituto (motivo por que demônios a acossam, ameaçando levá-la de volta ao reino de Eréshkigal, o que a faz, aterrorizada, entregar Dúmuzi), descreve-se longamente como Geshtinanna procurou proteger o irmão, lamentando sua sorte[302]. No

---

301 Lapinkivi, *Ištar's descent and resurrection*, p. 90-91.

302 Bottéro, Kramer, *Lorsque les dieux faisaient l'homme*, p. 295-298, especialmente o trecho (que traduzo da versão francesa publicada na obra citada):

> Dúmuzi transportou-se à casa de Geshtinanna, sua irmã!
> Quando Geshtinanna viu seu irmão,
> Lacerou as bochecas e a boca,
> Contemplando-o.
> Depois, envolveu-o com seu manto
> E entoou um lamento amargo
> Sobre o moço torturado:
> Ah, meu irmão! meu irmão!
> Moço cujos dias não serão cumpridos!
> Meu irmão, ó pastor Ama.ushumgalama,
> De quem nem dias, nem anos serão cumpridos!
> Meu irmão! moço sem filhos nem esposa,

chamado *Sonho de Dúmuzi*, Geshtinanna tem papel destacado, de início, ao interpretar o sonho de mau presságio de seu irmão, em seguida, ao ser arrebatada pelos demônios, cujas ofertas ela recusa, e, por fim, ocultando Dúmuzi de seus inimigos – até que estes o localizam e matam[303].

Aqui, nada sugere que Belíli tenha compartilhado a sorte do irmão, dividindo com ele, como na *Descida de Inana*, a estada na Érsetu – o que pode ser considerado mais um traço que distingue os dois poemas, *Ao Kurnugu, terra sem retorno* tendo uma feição menos "mitológica" e mais etiológica. Assim, o papel que a ela cabe é introduzir no entrecho o pesado lamento pela partida de Dúmuzi, envolvendo, com arrancar as joias e bater-se, o grito "Do irmão único não me prives", o que deve ter relação com os rituais realizados por carpideiras e carpideiros em honra do jovem deus morto, no mês que, em vários calendários, leva seu nome, como se Belíli fosse, portanto, o protótipo desse tipo de participantes dos rituais fúnebres[304].

Moço sem companheiros nem amigos! meu irmão!
Meu irmão! Moço que não terá
Reconfortado sua mãe!

303 Bottéro, Kramer, *Lorsque les dieux faisaient l'homme*, p. 300-312. É curioso que, nesse poema, haja uma deusa de nome Belíli, a velha, a qual, antes de Geshtinanna, oculta Dúmuzi. De um lado, fica claro que ela não é a mesma que Geshtinanna. De outro, contudo, mostra-se como uma personagem de nome Belíli está relacionada, desde a tradição suméria, com o ciclo de Dúmuzi, o que pode de algum modo sugerir uma razão para o fato de que, em *Ao Kurnugu, terra sem retorno*, este seja o nome da irmã do deus.

304 É bem conhecido o papel de homens e mulheres a quem, nos rituais fúnebres, cabia carpir o morto: "Seja realizado por carpideiros profissionais ou mulheres que choram – ou ainda outros –, não é atestado, todavia, que eram pagos (...). Carpir (algo distinto do lamento como um gênero literário), como manifestação de luto, é bem atestado no Oriente próximo e no Mediterrâneo antigo. (...) O papel de mulheres nos ritos funerários é de particular interesse para interpretações pós-modernas, em termos de criação e dissolução de identidades, hierarquia social e contribuição das mulheres para a estabilidade da comunidade." (MacDougal, *Remembrance and the dead in second millenium BC Mesopotamia*, p. 169 (63)).

Os três versos que fecham o poema –

> No dia em que Dúmuzi suba para mim, a flauta de lápis-lazúli, o anel de cornalina,
> Com ele para mim subam carpideiros e carpideiras,
> Os mortos subam e o incenso aspirem! –

efetivam duas mudanças importantes: do mito ao rito e, consequentemente, de uma temporalidade arcaica para o presente das práticas cultuais. Seu enunciado pode ser entendido de duas formas, caso se privilegie o mito e sua atemporalidade ou o rito ligado ao presente da enunciação: na primeira alternativa, essas palavras devem ser atribuídas a Belíli, entendendo-se que dão sequência a seu grito de desespero ("Do irmão único não me prives!"), a forma do verbo 'subir' (*elû*), no ventivo (que indica movimento para cá), seguida de dativo do pronome de primeira pessoa (*ellanni*, 'suba para mim'), pondo em relevo o enunciador; caso, todavia, se tenha em vista o presente da enunciação, essas palavras poderiam ser atribuídas ao próprio poeta ou a quem eventualmente recitasse o poema (mesmo que apenas o lendo para si). A legitimidade dessa segunda perspectiva assenta-se no fato de que a subida de Dúmuzi, acompanhado dos mortos, remete sem dúvida para os ritos em honra destes, seja o *kispum*, seja a festa anual de Dúmuzi.

Como já apontei brevemente, o *kispum* era uma homenagem aos mortos, "uma refeição ritual pós-funerária que invocava o falecido, desde o mundo inferior, para comer e beber com os vivos", sendo ofertado, em geral, "a cada mês, no contexto da família"[305], e celebrado anualmente num festival comunitário e público em honra dos ancestrais"[306]. O *kispum* mensal acontecia no dia da lua nova – mais

305 MacDougal, *Remembrance and the dead in second millenium BC Mesopotamia*, p. 171 (65)). Em Mari, o kispum era celebrado duas vezes por mês.

306 MacDougal, *Remembrance and the dead in second millenium BC Mesopotamia*, p. 158 (52).

exatamente, nos termos acádios, no *ūm bibbulim*, literalmente, 'dia da enchente', ou seja, quando a lua submergia, desaparecendo do céu, o 'dia sem lua' –, entre o 28º e 30º dia do mês, "um tempo liminar, quando as fronteiras dos mundos superior e inferior são as mesmas"[307]. Ainda que não seja conhecido com a desejada precisão, sabe-se que o *kispum* envolvia três ações: a) a realização do ritual de cuidado com o morto (*kispa kasāpu*); b) a purificação da água (*mē naqū*); c) a invocação do nome do morto (*šūma zakāru*). Um texto do livro de rituais pertencente a Kiṣir-Aššur, um *mašmašu* (exorcista) de Assur, fornece informações sobre o *kispum* (LKA 83, linhas 1-10):

> [Nome], que morreu de uma morte natural em seu leito, filho de [nome], que o pôs na sepultura (*ina qabri*): Tu és homem (*amelūta*)! Chamei teu nome. Chamei teu nome de dentre os espectros (*eṭemmē*). Chamei teu nome para o *kispum*. Sentei-te em face de Shámash. Chamei teu nome como um espectro em face de Shámash. Pus-te em tua morada [isto é, na sepultura]. Pus comida para ti na entrada de tua sepultura. Para os espectros de tua família, realizei o *kispum* (*kispa aksip*).[308]

Não necessariamente o *kispum* se reduzia ao âmbito familiar, mas costumava ser ofertado também em esferas públicas, como no caso dos reis, entre membros do clero – as sacerdotisas *entu* ou as mulheres chamadas *nadītu*, também ligadas ao culto – ou entre artesãos, em honra dos mestres falecidos (num caso de fabricantes de vidro, lê-se a fórmula: *ana ummâni kispa takassip*, "ao mestre-artífice o *kispum* ofereceste")[309]. Além disso, anualmente se celebrava um grande *kispum*,

---

307 MacDougal, *Remembrance and the dead in second millenium BC Mesopotamia*, p. 164 (58).

308 Apud MacDougal, *Remembrance and the dead in second millenium BC Mesopotamia*, p. 159 (53).

309 MacDougal, *Remembrance and the dead in second millenium BC Mesopotamia*, p. 145-149 (39-43).

no mês de Apum, o que parece bem estabelecido desde o terceiro milênio, a referência mais antiga a isso estando em textos procedentes de Ur, os quais descrevem as provisões para as oferendas funerárias a Ur-Nammu, incluindo bois, cerveja, grãos, fragâncias e uma ovelha[310]. No período paleobabilônico, Apum era o quarto ou quinto mês do ano, dependendo de cada calendário regional (o que corresponderia ao período de julho-agosto), precedido pelo mês de nome Dúmuzi (Tammuz), "associado com o luto pelo deus sumério morto e ressuscitado, num festival agrícola, quando a colheita já tinha acontecido e os campos tinham sido desnudados"[311].

A subida de Dúmuzi, com as cores de Ishtar (vermelho e azul), seus carpideiros e carpideiras, além de estar relacionada com o ciclo de renovação da natureza, a que já fiz referência, implica também na subida dos mortos, que, assim, podem, mesmo que só momentaneamente, retornar da terra sem retorno. Isso significa que não é apenas a subida do deus que o poema celebra, mas, em conjunção com ela, a possibilidade de que cada "morto suba e aspire o incenso". E, do mesmo modo que a subida de Ishtar é o que torna possível a de Dúmuzi, assim também é a aventura da deusa – sua descida à Érsetu para afinal remontar – que possibilita que o morto franqueie os limites instransponíveis do reino de Eréshkigal.

Em conclusão, considerando-se os múltiplos poderes e as múltiplas funções de Ishtar – dentre os quais, como se viu no poema a Inana, a "descida ao 'kur'" e a "subida do 'kur'" –, é também de sua esfera de atuação a expectativa, para quem desce ao Kurnugu, de poder dele retornar periodicamente, para receber as oferendas dos vivos. Noutros

310 MacDougal, *Remembrance and the dead in second millenium BC Mesopotamia*, p. 176 (70).

311 MacDougal, Remembrance and the dead in second millenium BC Mesopotamia, p. 171 (65).

termos, a experiência do morto que sobe para aspirar o incenso refaz a da deusa, a qual, por seu turno, garante a do morto, bem como justifica a esperança dos vivos.

REFERÊNCIAS

A Bíblia de Jerusalém. São Paulo: Paulinas, 1989.

ABUSCH, Tzvi. Ishtar's proposal and Gilgamesh's refusal: an interpretation of "The Gilgamesh Epic" Tablet 6, Lines 1-79. *History of Religions*, v. 26, n. 2, p. 143-187, 1986.

ALBENDA, Pauline. The "Queen of Night" Plaque: a revisit. *Journal of the American Oriental Society*, v. 125, n. 2, p. 171-190, 2005.

BAHRANI, Zainab. The iconography of the nude in Mesopotamia. *Notes in the History of Art*, v. 12, n. 2, p. 12-19, 1993.

BARRELET, Marie-Thérèse. Les déesses armées et ailées. *Syria*, v. 32, n. 3-4, p. 222-260, 1955.

BARRETT, Caitlín E. Was dust their food and clay their bread? Grave goods, the Mesopotamian afterlife, and the liminal role of Inana/Ishtar. *Journal of Ancient Near Eastern Religions (JANER)*, v. 7, n. 1, p. 8-65, 2007.

BERNABÉ, Alberto. What is a *katábasis*: the descent into Netherworld in Greece and ancient Near East. *Les études classiques*, v. 83, p. 15-34, 2015.

BLACK, Jeremy, GREEN, Anthony. *Gods, demons and symbols of Ancient Mesopotamia*. Ilustrations by Tessa Rickards. Austin: University of Texas Press, 2003.

BORGER, Riekele. *Babylonisch-assyrische Lesestücke*. Roma: Pontificio Instituto Biblico, 1963.

BOTTÉRO, Jean, KRAMER, Samuel Noah. *Lorsque les dieux faisaient l'homme*: Mythologie mésopotamienne. Paris: Galimard, 1993.

BOTTÉRO, Jean. La mythologie de la mort en Mésopotamie ancienne. In ALSTER, B. (ed.). *Death in Mesopotamia: Papers read in the XXVIe Rencontre Assyriologique Internationale*. Copenhagen: Akademik 1980. p. 25-52.

BOTTÉRO, Jean. *La religión más antigua: Mesopotamia*. Traducción de María Tabuyo y Agustín López. Madrid: Trotta, 2001.

BOTTÉRO, Jean. Les morts et l'au-delà dans les rituels en akkadien contre l'action des revenant. *Zeitschrift für Assyriologie*, v. 73, p. 153-203, 1983.

BOUZON, Emanuel. *O código de Hammurabi*. Introdução, tradução do texto cuneiforme e comentários de Emanuel Bouzon. 4ª. edição revista e melhorada. Petrópolis: Vozes, 1987.

BRANDÃO, Jacyntho Lins. *Ele que o abismo viu* (epopeia de Gilgámesh). Tradução, introdução e comentários. Belo Horizonte: Autêntica, 2017.

BRANDÃO, Jacyntho Lins. No princípio era a água. *Revista da UFMG*, v. 20, n. 2, p. 22-41, 2013.

CABRERA PERTUSATTI, F. Rodrigo. Transtextualidades en la literatura mesopotámica: vínculos palimpsestuosos entre *El descenso de Inanna al Inframundo* y la himnología real neo-sumeria y paleo-babilónica. *Mundo antigo*, v. 4, n. 7, p. 79-102, 2015.

CHARPIN, Dominique. *Reading and writing in Babylon*. Translated by Jane Marie Todd. Cambridge: Harvard University Press, 2010.

CHIODI, Silvia M. Rapporto cielo, terra, Inferi nel mondo mesopotamico. In GRAZIANI, S. (a cura di). *Studi sul Vicino Oriente antico dedicati alla memoria di Luigi Cagni*. Vol. I. Napoli: Dipartimento di Studi Asiatici, 2000. p. 119-127.

COHEN, Mark E. *The cultic calendars of the ancient Near East*. Bethesda: CDL Press, 1993.

COLLON, Dominique. The Queen under attack. *Iraq*, v. 69, p. 43-51, 2007.

DALLEY, Stephanie. *Myths from Mesopotamia*: Creation, The Flood, Gilgamesh and others. Oxford: Oxford University Press, 2008.

FISKE, Adele M. Death: myth and ritual. *Journal of the American Academy of Religion*, v. 37, n. 3, p. 249-265, 1969.

GADOTTI, Alhena. *"Gilgamesh, Enkidu and the Netherworld" and the Sumerian Gilgamesh cycle*. Boston-Berlin: Walter de Gruyter, 2014.

GAGNEUR, Elvire. La descente aux Enfers: la mort en Mésopotamie d'après quelques textes littéraires (iiie.-iie. milénaire avant notre ère). *Hypothèses*, v. 10, n. 1, p. 123-132, 2007.

GELLER, Markham J. *Ancient Babylonian Medicine: theory and practice*. Chichester: Wiley-Blackwell, 2010.

GELLER, Samuel. Die Rezension von 'Ištars Höllenfahrt' aus Assur. *Orientalistische Literaturzeitung*, v. 20, p. 41-48, 66-72, 1917.

GEORGE, Andrew R. *The Babylonian Gilgamesh epic*. Introduction, critical edition and cuneiform texts. Oxford: Oxford University Press, 2003.

GEORGE, Andrew R. The death of Bilgames. In *The Epic of Gilgamesh*: The Babylonian epic poem and other texts in Akkadian and Sumerian. Translated with an introduction by A. George. London: Penguin Books, 2003. p. 195-208

GURNEY, O. R. The Sultantepe Tablets (continued) VII. The Myth of Nergal and Ereshkigal. *Anatolian Studies*, v. 10, p. 105-131, 1960.

HARRIS, Rivkah. *Gender and aging in Mesopotamia:* The *Gilgamesh Epic* and other ancient literature. Norman: University of Oklahoma Press, 2003.

HARRIS, Rivkah. Inana-Ishtar as paradox and coincidence of opposites. *History of Religion*, v. 30, n. 3, p. 261-278, 1991.

HAUPT, Paul. Das babylonische Nimrodepos. *Beiträge zur Assyriologie und semitischen Sprachwissenschaft*, v. 1, 1890.

HEIDEL, Alexander. Ishtar's descent to the Underworld. In: *The Gilgamesh epic and Old Testament parallels*. Chicago: The University of Chicago Press, 1963. p. 119-128.

HERÓDOTO. *Histórias*. Livro 1. Tradução de José Ribeiro Ferreira e Maria de Fátima Silva. Lisboa: Edições 70, 1994.

HOFNER JR., Harris A. Symbols for masculinity and feminity: their use in ancient near eastern sympathetic magic rituals. *Journal of biblical literature*, v. 85, n. 3, p. 326-334, 1966.

HOROWITZ, Wayne. *Mesopotamian cosmic geography*. Winona Lake: Einsenbrauns, 1998.

HUEHNERGARD, John. *A grammar of Akkadian*. Winona Lake: Eisenbrauns, 2005.

JACOBSEN, Thorkild. *The treasures of darkness: A history of Mesopotamian religion*. New Haven/London: Yale University Press, 1976.

JAGERSMA, Abraham Hendrik. *A descriptive grammar of Sumerian*. Leiden: Universiteit Leiden, 2010. (tese)

JENSEN, Peter. Ištars Höllenfahrt. In *Assyrisch-babilonische Mythen und Epen*. Berlin: Reuther und Reichard, 1900. p. 80-91.

JEREMIAS, Alfred. *Izdubar-Nimrod*: eine altbabylonische Heldensage. Leipzig: Teubner, 1891.

KATZ, Dina. Inanna's Descent and undressing the dead as a divine law. *Zeitschrift für Assyriologie*, v. 85, p. 221-233, 1995.

KATZ, Dina. *The image of the Netherworld in the sumerian sources*. Bethesda: CDL, 2003.

KRAMER, Samuel Noah. BM 23631: Bread for Enlil, sex for Inana. *Orientalia*, nova series, v. 54, n. 1-2, p. 117-132, 1985.

KRAMER, Samuel Noah. Cuneiform studies and the History of Literature: the Sumerian sacred marriage texts. *Proceedings of The American Philosophical Society*, v. 107, n. 6, p. 485-527, 1963.

KRAMER, Samuel Noah. Death and Netherworld according the Sumerian literary texts. *Iraq*, v. 22, p. 59-68.

KRAMER, Samuel Noah. Ishtar in the Nether World according to a new Sumerian text. *Bulletin of The American School of Oriental Research*, n. 79, p. 18-27, 1940.

KRAMER, Samuel Noah. *Le mariage sacré à Sumer et à Babylone*. Traduction et adaptation de Jean Bottéro. Paris: Berg International, 1983.

KRAMER, Samuel Noah. The epic of Gilgamesh and its sumerian sources. *Journal of the American Oriental Society*, v. 64, n. 1, p. 7-23, 1944.

LABAT, René, CAQUOT, André, SZNYCER, Maurice, VIEYRA, Maurice. *Les religions du Proche-Orient asiatique*: textes babyloniens, ougaritiques, hittites presentés e traduits par René Labat et al. Paris: Fayard/Denoël, 1970.

LAMBERT, Wilfred G. Mesopotamian creation stories. In GELLER, Markham J., SCHIPPER, Mineke (ed.). *Imagining creation*. Leiden: Brill, 2008.

LAMBERT, Wilfred. G., MILLARD, A. R., CIVIL, M. *Atra-hasis*: The Babylonian story of the Flood, with the Sumerian Flood Story. Eisenbrauns: Winona Lake, 1999.

LAPINKIVI, Pirjo. *The Neo-Assyrian Myth of Ištar's Descent and Resurrection*. Introduction, cuneiform text, and transliteration with a translation, glossary and extensive commentary bu P. Lapinkivi. Helsinki: The Neo-Assyrian Text Corpus Project, 2010.

LENORMANT, François. La descent d'Ištar aux Enfers. In *Choix de textes cunéiformes inédites ou incomplément publiés*. Paris: Maisonneuve et Cie., 1873. p. 100-105.

LIVINGSTONE, Alasdair. *Court poetry and literary miscellanea*. Ed. by A. Livingstone. Illustrations ed. by Julian Reade. Helsinki: Helsinki University Press, 1989.

LOUCAS, Ioannis. La déesse de la prosperité dans les mythes mésopotamien et égéen de la descente aux Enfers. *Revue de l'histoire des religions*, v. 205, n. 3, p. 227-244, 1988.

LUCIANO DE SAMÓSATA: *Diálogos dos mortos*. Tradução de Maria Celeste Consolin Dezotti. São Paulo: Hucitec, 1996.

MACDOUGAL, Renata. *Remembrance and the dead in second millenium BC Mesopotamia*. Leicester: University of Leicester, 2014. (tese)

MAUL, Stefan M. *kurgarrû* und *assinnu* und ihr Stand in der babylonischen Gesellschaft. In HAAS, Volkert (Hrsg.). *Aussenseiter und Randgruppen: Beiträge zu einer Sozialgeschichte des Alten Orients*. Konstanz: UvK Univesitäts-Verlag, 1992. p. 159-171.

NOVOTNY, Jamie R. Were there seven or fourteen gates of the Netherworld? *Zeitschriften für Assyriologie*, v. 89, p. 24-28, 1999.

O'CONNOR, J. J., ROBERTSON, E. F. La numeración babilónica. Disponível em: <http://web.archive.org/web/20060622092016/http://ciencia.astroseti.org/matematicas/articulo.php?num=3650>.

OPPENHEIM, A. Leo. Mesopotamian Mythology III. *Orientalia*, Nova Series, v. 19, n. 2, p. 129-158, 1950.

OTTERMANN, Monika. Morte e ressurreição na Suméria: a "Descida ao Inferno" de Inana e de Dumuzi e processos de posse e perda de poderes divinos e humanos. *Oracula*, v. 2, n. 3, p. 1-17, 2006.

PELED, Ilan. *kula'ūtam epēšum*: gender ambiguity and contempt in Mesopotamia. *Journal of the American Oriental Society*, v. 135, n. 4, p. 751-764, 2015.

PENGLASE, Charles. *Greek myths and Mesopotamia*: Parallels and influence in the Homeric Hymns and Hesiod. London: Routledge, 1997.

PEREA YÉBENES, Sabino. Una reminiscencia babilónica en época romana imperial: las invocaciones a Ereshkigal en documentos mágicos. In ________ *El sello de Dios* (2): Ceremonias de la muerte – nuevos estudios sobre magia y creencias populares greco-romanas. Madrid: Signifer Libros, 2002. p. 141-170.

PETTINATO, Giovanni. *Nergal ed Ereškigal, il poema assiro-babilonese degli Inferi*. Introduzione di S. M. Chiodi. Roma: Atti della Accademia Nazionale dei Lincei, 2002.

PEZZOLI-OLGIATI, Daria. Erkundungen von Gegenwelten: Zur Orientierungsleistung "mythischer" Reisen am Beispiel zweier mesopotamischer Texte. *Numen*, v. 52, p. 226-254, 2005.

PLATÃO. *Górgias*. Tradução de Daniel R. N. Lopes. São Paulo: Perspectiva, 2011.

POZZER, Kátia Maria Paim. Arte, sexo e religião: a deusa Ištar na Mesopotâmia. *Das questões*, n. 5, p. 1-17, 2018.

RENDU, Anne-Caroline. Cri ou silence: deuil des dieux et des héros dans la littérature mésopotamienne. *Revue de l'histoire des religions*, v. 225, n. 2, p. 199-221, 2008.

RÖLLIG, Wolfgang. Myths about the Netherworld in the ancient Near East and their counterparts in the Greek religion. In RIBICHINI, S., ROCCHI, M., XELLA, P. (Hg.). *La questione delle influence vicino-orientali sulla religione greca*. Roma: s/ed., 2001. p. 307-314.

SERI, Andrea. The role of creation in *Enūma eliš*. *Journal of Ancient Near Eastern religions*, v. 12, p. 4-29, 2012.

SILVER, Morris. Temple/sacred prostitution in ancient Mesopotamia revisited. *Ugarit Forschungen*, v. 38, p. 631-663, 2006.

SLOBODZIANEK, Iwo. *Acquérir, exprimer et transmettre les "pouvoirs" divins*: une comparaison entre Aphrodite et Innana-Ištar. Toulouse: Université de Toulouse Mirail, 2012. (tese)

SOLDT, W. H. van. *Letters in the British Museum*. Part 2. Transliterated and translated by W. H. van Soldt. Leiden: E. J. Brill, 1994.

SONIK, Karen. Bad king, false king, true king: Apsû and his heirs. *Journal of the American Oriental Society*, v. 128, n. 4, p. 737-743, 2008.

STOL, Marten. *Women in ancient Near East*. Translated by Helen and Marvin Richardson. Boston/Berlin: Walter de Gruyter, 2016.

TALON, P. Le mythe de la Descente d'Ishtar aux Enfers. *Akkadica*, v. 59, p. 15-25, 1988.

TALON, Philippe. *The standard Babylonian Creation Myth* Enuma Elish. Introduction, cuneiform text, transliteration, and sign list with a translation and glossary in french by Philippe Talon. Helsinki: University of Helsinki Neo-Assyrian Text Corpus Project, 2005.

TANAKA, Terri-lynn Wai Ping Hong. *Dress and Identity in Old Babylonian Texts*. Berkeley: University of California, 2013 (tese).

TIGAY, Jeffrey H. *The evolution of the Gilgamesh epic*. Philadelphia: University of Pensylvania, 1982.

TUCÍDIDES. *História da Guerra do Peloponeso*. Livro 1. Tradução de Anna Lia Amaral de Almeida Prado. São Paulo: Martins Fontes, 1999.

VERDERAME, Lorenzo. Aspetti spaziali nella costruzione dell'immaginario infero dell'antica Mesopotamia. *Studi e materiale di Storia delle Religioni*, v. 80, n. 1, p. 23-41, 2014.

WOOLLEY, Leonard. *Ur excavation*. Vol. II: The Royal Cemetery: A report on the predynastic ans Sargonic graves excavated between 1926 and 1931. Great Britain: The Trustees of the Two Museums, 1934.

KOTTER
EDITORIAL

Impresso em papel pólen bold 90g/m², tipologia Flanker Griffo, no inverno de 2019.